Estudos CEDOUA

DIREITO CONSTITUCIONAL
E ADMINISTRATIVO
DO AMBIENTE

Estudos CEDOUA

JOSÉ EDUARDO FIGUEIREDO DIAS
Mestre em Direito
Assistente da Faculdade de Direito da Universidade de Coimbra
Docente do CEDOUA

DIREITO CONSTITUCIONAL E ADMINISTRATIVO DO AMBIENTE

Com a colaboração de
FELISBELA CARNEIRO ALVES

ALMEDINA

Estudos CEDOUA

DIREITO CONSTITCIONAL
E ADMINISTRATIVO DO AMBIENTE

AUTOR
JOSÉ EDUARDO FIGUEIREDO DIAS

EDITOR
EDIÇÕES ALMEDINA, SA
Avenida Fernão Magalhães, n.º 584, 5.º Andar
3000-174 Coimbra
Tel: 239 851 904
Fax: 239 851 901
www.almedina.net
editora@almedina.net

PRÉ-IMPRESSÃO • IMPRESSÃO • ACABAMENTO
G.C. GRÁFICA DE COIMBRA, LDA.
Palheira – Assafarge
3001-453 Coimbra
producao@graficadecoimbra.pt

Outubro, 2007

DEPÓSITO LEGAL
266124/07

ÍNDICE

PREFÁCIO À 2.ª EDIÇÃO

Esgotada a 1.ª edição deste *Direito Constitucional e Administrativo do Ambiente*, da colecção *Cadernos do CEDOUA*, fomos contactados pela Livraria Almedina no sentido de proceder à publicação da 2.ª edição.

Em virtude de múltiplos afazeres, a elaboração de uma 2.ª edição destes *Cadernos* foi sendo adiada, também por considerarmos que a actualização do texto exigia algum cuidado, em especial no que toca às novidades legislativas, uma vez que continua a ser constante o labor do legislador neste campo, com a publicação de inúmeras e importantes leis, decretos-lei e regulamentos administrativos.

A 2.ª edição pretende, no essencial, adaptar estes *Cadernos* à nova legislação, não apenas daquela especificamente ambiental, mas da relativa à Reforma do contencioso administrativo de 2002/2003 (consubstanciada, antes de mais, no novo ETAF e no CPTA) e, mais recentemente, na revisão do Código Penal.

Lançámos o repto à Dr.ª Felisbela Alves, pós-graduada do CEDOUA, de nos auxiliar nessa tarefa de actualização – repto que foi respondido positivamente pela Dr.ª Felisbela Alves que, com o seu trabalho e dedicação, ajudou a tornar possível esta 2.ª edição. Para além da preparação de uma lista de endereços electrónicos relevantes neste domínio, da sua exclusiva responsabilidade, o seu auxílio foi significativo quanto a outros aspectos da actualização, nomeadamente quanto ao direito penal do ambiente, à organização administrativa do ambiente e ao contencioso administrativo do ambiente.

Este *Direito Constitucional e Administrativo do Ambiente* mantém os mesmos propósitos da 1.ª edição – antes de mais, servir de guia de estudo para os alunos do curso de pós-graduação do CEDOUA, na disciplina homónima. No mais, os seus objectivos são assumidamente modestos, pretendendo-se tão-só fornecer algumas pistas de estudo: os que demonstrem interesse numa análise mais aprofundada do direito do ambiente, em especial na sua vertente publicista, encontrarão aqui algumas referências básicas que poderão ser desenvolvidas na literatura nacional e estrangeira que é, neste domínio, cada vez mais numerosa e aprofundada.

JOSÉ EDUARDO FIGUEIREDO DIAS
Setembro de 2007

I. AS PRÉ-COMPREENSÕES DO DIREITO DO AMBIENTE

Um problema prévio a qualquer análise que se faça do direito e da política do ambiente tem a ver com a finalidade em nome da qual é estabelecido o respectivo regime.

Discutem-se assim os fundamentos da tutela jurídico-política do ambiente, colocando-se a seguinte questão: deverá proteger-se o ambiente pelo próprio ambiente, em face do valor que ele tem em si mesmo e em face dos direitos de que a comunidade biótica deve gozar ou, ainda aqui, é "apenas" a vida do Homem que se pretende assegurar, em condições dignas de existência?

Na sequência destas duas opções, assinalam-se habitualmente duas grandes pré-compreensões da tutela jurídica do ambiente:

- *pré-compreensão antropocêntrica*: a defesa do ambiente é feita com o objectivo principal – ou mesmo único – de proteger a vida humana;
- *pré-compreensão ecocêntrica*: o ambiente (tanto na sua globalidade, enquanto bem unitário, como quanto aos seus componentes) é tutelado em si mesmo, procurando-se a defesa e promoção da natureza como um valor novo.

A estas duas pré-compreensões junta-se por vezes ainda uma terceira, que não é mais do que uma derivação da primeira: referimo-nos à *pré-compreensão economicocêntrica,* na qual a protecção do ambiente tem por base a necessidade de proteger recursos escassos, imprescindíveis à continuação da actividade produtiva do homem. Só que, também aqui, é a protecção da vida do homem que está em causa (embora apenas mediata ou indirectamente), razão pela qual esta pré-compreensão acaba por se reconduzir à pré-compreensão antropocêntrica.

Independentemente da opção que se tome, deve sublinhar-se que se vem sentido paulatinamente o trânsito de uma visão antropocêntrica do direito para uma outra em que também as "coisas" passam a merecer a tutela da ordem jurídica (substituição ou complemento do princípio antropocêntrico pelo princípio ecocêntrico ou biocêntrico).

Como justamente assinala, a este propósito, Viriato Soromenho Marques, estamos perante um "Desafio para a acção (…) quanto à urgência das tarefas políticas, jurídicas e económicas que temos de levar a cabo, se quisermos evitar o colapso de uma civilização que tarda em compreender que o único modelo para as sociedades humanas se relacionarem duradouramente com os ecossistemas não é o da dominação, mas sim o da habitação"[1].

---

[1] Viriato Soromenho Marques, "Prefácio", in: Paulo Magalhães, *O Condomínio da Terra – Das alterações climáticas a uma nova concepção jurídica do planeta*, Almedina, 2007.

Na mesma linha, cfr. o "Editorial" da Revista *Azul*, Caixa Geral de Depósitos, n.º 25, Janeiro de 2007: "A mudança tornou-se inevitável. Tão inevitável quanto as mudanças que os próximos anos vão exigir a cada um de nós. O ambiente do planeta está em risco, os recursos são cada vez mais escassos e a nossa qualidade de vida deixou de ser uma certeza".

II. ENQUADRAMENTO GERAL DO DIREITO DO AMBIENTE

1. Ideia geral

Desde os finais do século XX que as preocupações em torno da qualidade do ambiente e da necessidade de proteger os componentes ambientais se tornaram em preocupações sentidas de forma cada vez mais intensa por toda a população, tanto do ponto de vista individual como do ponto de vista colectivo.

A partir da década de 70 do século passado, as notícias e discussões sobre a deterioração crescente do ambiente em que vivemos e sobre a necessidade de o preservar, sob pena de a nossa própria existência ser posta em causa, passaram a estar "na ordem do dia". Simultaneamente, o ambiente passou a ser um dos objectos fundamentais do discurso político, mesmo em países globalmente mais avessos ao movimento da tutela ambiental, como os Estados Unidos da América (onde o Presidente Nixon, num gesto que se viria a revelar de uma enorme sagacidade no que se referia ao futuro, promulgou o *National Environmental Policy Act* – NEPA – como primeiro acto oficial da década de 70, em 1 de Janeiro de 1970).

A opinião pública internacional e os decisores políticos foram também tomando consciência de que a destruição do ambiente deixara de ser um problema localizado, uma vez que os atentados ambientais passaram a pôr em causa o funcionamento do próprio planeta (os exemplos de problemas ambientais "globais", também no sentido de porem em causa as condições de vida do planeta terra, são inúmeros: o buraco na camada do ozono, a rapidíssima deflorestação, a geração de resíduos, a perda de biodiversidade, etc.).

Esta tomada de consciência determinou que, em muitos casos, o valor do progresso económico e social a todo o custo fosse tendo que ceder face à necessidade de manter e restaurar um ambiente sadio, o que seria impensável há algumas dezenas de anos atrás.

Em todo o caso, há ainda muito por fazer, sendo imprescindível a tomada de consciência de todos (da opinião pública em geral[1], dos operadores económicos, da Administração Pública e também dos cientistas, nomeadamente geógrafos, biólogos, sociólogos, economistas e juristas) sobre a necessidade de lutar contra tais problemas e de os tentar resolver, na medida do possível.

Por todas estas razões, o problema do ambiente é um problema com enorme actualidade e os juristas abandonaram definitivamente uma posição de indiferença relativamente a ele. Daí que se tenha formado, desde a década de 70, um conjunto de regras e princípios jurídicos prioritariamente orientados para a protecção do ambiente, e que levam a que se possa falar hoje, com propriedade, num *direito do ambiente* como novo ramo do direito, distinto dos demais, pela matéria, estrutura, princípios e funções.

O que se explica também como resposta à necessidade, sentida pelos juristas, "de construir novas abstracções conectadas com o meio, ou então atribuir uma nova dimensão às nossas divisões jurídicas. E este é o grande desafio do Direito do Ambiente, um direito dos homens, inventado pelos homens e para os homens, que dialogue com as ligações ocultas de um sistema uno e complexo"[2].

2. A emergência de um novo bem jurídico e de um novo paradigma

A mencionada generalização da convicção da necessidade de protecção do ambiente – operada a nível não apenas nacional, mas também e sobretudo a nível internacional, dada a referida natureza "global" e mundial dos problemas ambientais[3] – está na base da emergência recente do ambiente como bem digno de protecção ou tutela jurídica, o mesmo é dizer, na base da sua transmutação de mero interesse socialmente relevante em autêntico bem jurídico.

Com a noção de *bem jurídico* pretende aludir-se a valores ou interesses que se apresentam em estreita conexão com os interesses gerais da sociedade, tomados enquanto tais e não enquanto valores de cunho estritamente individual: o bem jurídico, ainda que possua (como é o caso) dimensões individuais, deve sempre ser visto como bem jurídico da colectividade.

Não é de mais destacar a *autonomia do bem jurídico ambiente,* que é tutelado em si e por si mesmo: não estamos perante uma protecção de outros

---

[1] Para o que muito tem contribuído, nos anos mais recentes, o reforço da propalada *educação ambiental* – cuja promoção constitui uma das incumbências do Estado nesta sede (cfr. al. *g)* do n.º 2 do artigo 66.º da CRP).

[2] Cfr. Paulo Magalhães, *ob. cit.,* p. 15.

[3] Como assinala Paulo Magalhães (*ob. cit.,* p. 74), " o problema jurídico ambiental é, na sua origem, um problema de conciliação das necessárias divisões estaduais sobre um bem materialmente indivisível".

bens jurídicos como a vida, a saúde ou a propriedade das pessoas, estando em causa uma protecção imediata dos valores ambientais.

Ao proteger o ambiente, o direito (e, mais especificamente, a lei) regula-o de duas formas ou em dois sentidos diferentes, mas cumulativos: por um lado, o ambiente entendido na sua globalidade, como bem jurídico unitário; por outro, os seus diversos componentes ou, se se preferir, os vários bens ambientais considerados em sentido estrito (o ar, a água, o solo e subsolo, a fauna, a flora, etc.).

Por esta razão é que determinados componentes ambientais (designadamente os componentes ambientais naturais com maior importância: o solo, o ar e a água), outrora passíveis de ser utilizados por todos sem obediência a quaisquer regras ou limites, são agora bens juridicamente protegidos, os quais, por estarem cada vez mais ameaçados nas sociedades dos nossos dias, são alvo de uma tutela jurídica que visa tornar a sua utilização e o seu aproveitamento mais racionais e equilibrados.

3. Alguns traços específicos do direito do ambiente

3.1. *Inovação*

As principais novidades trazidas pela abordagem jurídica do ambiente relacionam-se com a nova filosofia, sentido e espírito inerentes ao direito do ambiente.

Esses aspectos têm, antes de tudo, a ver com o trânsito de uma concepção exclusivamente antropocêntrica do Direito para a afirmação, cada vez mais extensa, de um princípio biocêntrico ou ecocêntrico: se bem que não se possa afirmar com segurança, no momento presente, que a finalidade subjacente ao direito do ambiente é exclusiva, ou sequer maioritariamente, de raiz ecocêntrica ou biocêntrica, a verdade é que esta pré-compreensão tem ganho cada vez mais importância na regulamentação jurídica do ambiente.

Nas palavras de FREITAS DO AMARAL, este ramo do Direito "pressupõe toda uma nova filosofia que enforma a maneira de encarar o Direito", uma vez que é "o primeiro ramo do Direito que nasce, não para regular as relações dos homens entre si, mas para tentar disciplinar as relações do Homem com a Natureza"[4].

Por esta razão é que, apesar de a autonomia do direito do ambiente ser ainda uma autonomia relativa, pode-se já falar, no momento presente, do direito do ambiente não só como campo especial onde os instrumentos clássicos de outros ramos do direito são aplicados, mas também como disciplina jurídica

---

[4] FREITAS DO AMARAL, "Apresentação", *Direito do Ambiente,* INA, 1994, p. 13-17 (p. 17).

dotada de substantividade própria. Isto sem esquecer que vivemos num momento histórico em que a disciplina jurídica do ambiente, se bem que importante, caminha ainda na direcção de uma maior maturidade.

Como notas que reflectem a afirmação do direito do ambiente como nova disciplina jurídica não só inovadora mas também autónoma, poderemos mencionar:

– a autonomização dos princípios do direito do ambiente, que só tem sentido como consequência da verificação de que o direito do ambiente constitui uma disciplina jurídica dotada de especificidade;
– a criação de novos institutos jurídicos específicos do direito do ambiente, com relevo especial para o procedimento de avaliação de impacte ambiental o qual, inserido geralmente em procedimentos administrativos de tipo clássico, aparece como um instrumento jurídico novo, próprio do direito ambiental.

Em conclusão: o direito do ambiente aí está, como nova disciplina jurídica dotada de substantividade própria, colocando novas questões e reflectindo uma nova abordagem do direito. De acordo com GOMES CANOTILHO, "O direito do ambiente é um típico direito dos modernos, ou, talvez melhor, dos *pós-modernos*, pois ele é a resposta da ordem jurídica às várias problemáticas ambientais e ecológicas geradas pela civilização científico-técnico-industrial dos tempos modernos"[5].

3.2. *Autonomia relativa*

Não obstante as especificidades próprias do direito do ambiente, que já permitem que a ele se aluda como uma disciplina jurídica própria, informada por princípios e por uma racionalidade específicos, a verdade é que tal autonomia é ainda "relativa", no sentido de ele ser em larga medida tributário de conceitos e instrumentos dos ramos de direito tradicionais.

Esta ideia de autonomia relativa permite compreender as duas realidades que estão aqui em causa: por um lado, a afirmação do "nascimento" de um novo direito, o do ambiente, com especificidades que lhe são próprias e que lhe dão um cunho específico; por outro, a sua dependência dos contributos dos ramos "clássicos" do direito.

Assim, o que acima de tudo deverá estar em causa não é uma afirmação radical da independência do direito do ambiente mas a ideia de que este direito implica necessariamente a revisão dos institutos, das técnicas e dos instrumentos dogmáticos clássicos de outros ramos do direito, aqui orientados pelas

[5] Cfr. GOMES CANOTILHO, *Direito Público do Ambiente,* CEDOUA, policop., 1996, p. 8.

ideias de protecção e de promoção de um ambiente de vida humano, sadio e ecologicamente equilibrado.

Ou seja: sem negar que há métodos, técnicas e instrumentos próprios do direito do ambiente, deve sobretudo procurar transpor-se para este novo âmbito toda a "aparelhagem" teórica e prática já há muito amadurecida pelos juristas, repensando-a e reconformando-a, procurando dar-lhe um "sangue novo" que permita a cabal satisfação dos objectivos de promoção ambiental.

Autores há, em todo o caso, que têm uma visão não apenas diferente mas crítica em relação à alegada autonomia do direito do ambiente e à afirmação dos valores ecológicos e ambientais no mundo do Direito. É o que se passa com PAULO MAGALHÃES, para quem o direito do ambiente (à imagem do que PARDO DÍAZ afirmou relativamente à tecnologia[6]) "foi até aos dias de hoje um mero ajuste técnico ao direito clássico, nunca penetrando na sua estrutura e nos seus fundamentos; na perspectiva de que se tratava de um 'direito do futuro', ou um 'direito de ponta', foi-se sucessivamente adiando a sua integração numa estrutura que, aliás, lhe é incompatível. Assim as normas *jus ambientais* têm funcionado apenas como um anexo desintegrado da estrutura clássica do direito"[7].

3.3. *Interdisciplinaridade*

Uma das características mais vincadas do direito do ambiente tem a ver com a necessidade sentida pelos juristas de levar a cabo um tratamento interdisciplinar (ou mesmo transdisciplinar, uma vez que a correcta compreensão dos problemas ambientais exige por vezes que se ultrapassem as fronteiras dos diversos ramos tradicionais do saber) das questões ambientais.

Daí as fortes relações entre os conhecimentos jurídicos e aqueles provenientes das outras ciências sociais e das ciências naturais, da engenharia e da técnica: no domínio ambiental, o direito aparece a regulamentar condutas, a impor limites de emissões e de efluentes, a obrigar ao uso de determinadas tecnologias, a exigir a avaliação dos impactes ambientais de determinada actividade, apenas depois de tais actividades terem sido já objecto de estudo por parte das ciências naturais (biologia, química, medicina, etc.), da engenharia e da técnica; a legislação ambiental exige, em numerosíssimos casos, a remissão para índices e valores só determináveis com o recurso a conhecimentos científicos e técnicos; a determinação da ocorrência de uma violação ambiental e a avaliação da dimensão dos danos ao ambiente que o direito procurará determinar só é também possível com base em conhecimentos exteriores ao mundo do

---

[6] Cfr. A. PARDO DÍAZ, *A Emergência de uma Nova Cultura, Cadernos de Educação Ambiental*, Lisboa, IPAMB, 1998.
[7] Cfr. PAULO MAGALHÃES, *ob. cit.* p. 37.

direito. E poderíamos repetir mais uma série de exemplos que demonstram a interdependência estrita entre o direito, a ciência e a tecnologia na área do direito do ambiente.

3.4. *Horizontalidade ou transversalidade*

Para além da interdisciplinaridade entre o direito e outras ciências sociais e humanas, também ao nível especificamente jurídico se deve pôr em destaque a horizontalidade ou transversalidade deste ramo do direito, no sentido de chamar a atenção para a importância dos conceitos, meios, institutos e instrumentos dos diferentes ramos clássicos do direito na ordenação jurídica do ambiente.

Isto porque a protecção do ambiente "convoca" praticamente todas as disciplinas clássicas do Direito, uma vez que levanta problemas nas relações entre sujeitos particulares (Direito Civil), nas relações entre os diversos sujeitos que compõem a comunidade internacional (Direito Internacional Público), é um dos sectores onde mais se tem feito sentir a regulamentação da União Europeia (Direito Comunitário), suscita algumas das opções fundamentais da comunidade politicamente organizada (Direito Constitucional), merece já a qualificação dos principais atentados ao ambiente como crimes (Direito Penal) e é um sector fundamental da intervenção do Estado e das outras pessoas colectivas públicas e das relações entre a Administração Pública e os cidadãos (Direito Administrativo).

Apesar do lugar de destaque do direito público, especialmente do direito administrativo, na tutela do ambiente – a que aludiremos *infra,* III –, a verdade é que a regulamentação do ambiente suscita questões ao nível de praticamente todos os ramos "clássicos" do direito.

4. O direito fundamental ao ambiente

A questão do direito fundamental ao ambiente será analisada de forma autónoma a propósito do direito constitucional do ambiente e da protecção do ambiente na CRP *(infra,* IV e V). Neste momento queremos apenas adiantar que há ordenamentos jurídicos que consagram clara e inequivocamente um direito fundamental dos cidadãos ao ambiente.

Sem se pôr de lado a natureza de bem social unitário do ambiente, ele aparece em algumas ordens jurídicas dotado de uma indiscutível dimensão pessoal, sendo assumido como direito subjectivo de todo e qualquer cidadão, individualmente considerado[8].

---

[8] Sobre esta matéria, cfr. GOMES CANOTILHO, "O Direito ao Ambiente como Direito Subjectivo", in: GOMES CANOTILHO, *Estudos sobre Direitos Fundamentais*, Coimbra Editora, 2004, p. 177-189.

A Constituição da República Portuguesa revela-se paradigmática neste particular, prevendo no nº 1 do seu artigo 66º (colocado na sua Parte I, relativa aos direitos e deveres fundamentais dos cidadãos) o "direito a um ambiente de vida humano, sadio e ecologicamente equilibrado" como um direito fundamental, autónomo relativamente a outros direitos como o direito à vida, o direito à saúde ou o direito de propriedade, por exemplo.

Acrescente-se que, ainda entre nós, a Lei de Bases do Ambiente desfaz as dúvidas relativas à existência em Portugal de um verdadeiro direito subjectivo ao ambiente, ao prever no seu artigo 2º o direito de todos os cidadãos a um "ambiente humano e ecologicamente equilibrado", direito esse concretizado nos artigos 40º e seguinte da mesma lei.

Há alguns países onde a mesma opção foi tomada pelo legislador constituinte. Debruçando-nos apenas sobre os países que nos são mais próximos, poderemos mencionar o caso do Brasil, onde o artigo 225° da Constituição de 1988 estabelece: "Todos têm direito ao meio ambiente ecologicamente equilibrado, bem de uso comum do povo e essencial à sadia qualidade de vida, impondo-se ao Poder Público e à colectividade o dever de defendê-lo e preservá-lo para as presentes e futuras gerações".

Em Espanha, apesar de a Constituição estabelecer que "todos têm direito a desfrutar de um meio ambiente adequado ao desenvolvimento da pessoa, assim como o dever de o conservar" (artigo 45°), a doutrina manifesta dúvidas quanto à sua configuração como direito fundamental.

Em França o ambiente foi recebido muito recentemente na respectiva Constituição, através da *Carta Constitucional do Ambiente*, adoptada pela Lei Constitucional relativa à Carta do Ambiente, de 28 de Fevereiro de 2005. Na Carta garante-se um "direito a viver num ambiente equilibrado e que respeita a saúde" (art. 1.°), direito esse que é reforçado pela circunstância de se prever, no art. 4.° da mesma Carta, o dever de todos "contribuírem para a reparação dos danos que causam ao ambiente, nas condições definidas pela lei"[9].

Nas ordens jurídicas que consagram um direito ao ambiente a dimensão subjectiva do ambiente não pode ser sacrificada em nome do seu relevo comunitário ou da importância comunitária ou social de quaisquer outros valores ou interesses. O direito ao ambiente, enquanto direito fundamental, é entendido

---

[9] Sobre a Carta Constitucional do Ambiente francesa, cfr. os números monográficos da *Revue Juridique de l'Environnement* (numéro spécial, décembre 2005) e da AJDA – *L'Actualité Juridique – Droit Administratif* (n.° 21, 6 juin 2005). Nesta última Revista, MICHEL PRIEUR ("Les nouveaux droits", p. 1157-1163) considera que a Carta "dá valor constitucional a certos direitos, ao ambiente, à participação e à informação, que já tinham valor legislativo", sublinhando que "Reconhecer na Constituição um direito do homem de poder beneficiar de um ambiente de qualidade é provavelmente o contributo mais importante da nova Carta, tanto no plano simbólico como no plano jurídico", concluindo: "Não é sério, sob o plano formal, baptizar como objectivo de valor constitucional um direito expressamente proclamado no artigo 1°".

como direito da personalidade humana, não devendo deixar de se destacar a sua *autonomia:* ele é tutelado directa e imediatamente e não apenas como meio de efectivar outros direitos com ele relacionados.

Este direito fundamental aparece como direito ecológico, ou seja, como direito relacionado sobretudo com o conjunto de elementos naturais básicos, embora com dimensões económicas, sociais e culturais[10].

Em todo o caso, e para concluir este ponto, deve ressalvar-se que o reconhecimento da existência de um direito subjectivo ao ambiente não deve fazer esquecer o seu carácter de bem jurídico unitário de toda a comunidade. Ou seja: a titularidade individual de um direito subjectivo ao ambiente não traz consigo a subversão do ambiente como bem jurídico colectivo.

5. Os princípios do direito do ambiente

Como referimos *supra* (II, 3.1.) uma das notas mais significativas da afirmação do direito do ambiente como disciplina jurídica autónoma tem a ver com a autonomização dos *princípios do direito do ambiente* (princípios gerais, fundamentais ou estruturantes do direito do ambiente) enquanto princípios jurídico-políticos orientadores do direito e da política do ambiente e vinculativos de todas as entidades públicas (e também de entidades privadas) responsáveis pela prossecução dessa política.

Estes princípios, desenvolvidos pela doutrina e pela jurisprudência e já com alguma consagração legislativa, devem assumir um papel de grande destaque na interpretação das leis ambientais e na integração das suas lacunas, razão pela qual se revela fundamental a sua aplicação pelos tribunais incumbidos de julgar litígios jurídico-ambientais.

Em termos especificamente *jurídico-administrativos*, e como mostra Vasco Pereira da Silva[11], estes princípios devem ser considerados como *critérios de decisão da Administração* directamente vinculantes, na medida em que decorrem do direito fundamental ao ambiente (têm a natureza de *garantias jurídicas*).

Daqui decorre uma sua dupla dimensão: por um lado *positiva*, na medida em que funcionam como critérios ou parâmetros decisórios de todas as decisões administrativas; e, por outro, *negativa*, enquanto erguem limites à actuação administrativa que, se desrespeitados, geram a invalidade das suas formas de actuação.

---

[10] Nesse sentido se pronuncia Gomes Canotilho, "Procedimento Administrativo e Defesa do Ambiente", *Revista de Legislação e de Jurisprudência,* ano 123° (1991), n°s 3799 e segs., p. 289 e segs. (n° 3.802, p. 10).

[11] Vasco Pereira da Silva, *Verde Cor de Direito – Lições de Direito do Ambiente*, Almedina, Coimbra, 2002, p. 76-83.

Quanto às disposições vigentes de direito positivo são de mencionar aqui, desde logo, os preceitos do Tratado da Comunidade Europeia (artigo 174.º, n. º 2) e da CRP (em especial o n.º 2 do artigo 66.º). Todavia, em termos do direito ordinário, de há muito que o nosso ordenamento dispõe de uma lei onde alguns dos princípios específicos da defesa e protecção jurídica do ambiente foram acolhidos, apesar de ser de lamentar a grande confusão da sua formulação nesta lei: referimo-nos ao artigo 3.º da LBA.

Vejamos então, ainda que de forma muito sumária, qual o sentido e o alcance de alguns dos princípios do direito ambiente mais importantes.

5.1. *O princípio da prevenção*

A prevenção tem, no âmbito do direito do ambiente, um relevo muito especial, devido à natureza própria dos bens que se tutelam: o bem jurídico ambiente, sobretudo no que diz respeito aos seus componentes naturais, tem uma natureza única que torna a sua "recuperação" extremamente difícil, quando não impossível. Às enormes dificuldades da reconstituição "natural" juntam-se os seus custos elevadíssimos os quais, em muitos casos, não podem ser impostos aos poluidores.

Como tal, o que mais importa na regulamentação jurídica dos comportamentos susceptíveis de produzir efeitos sobre o ambiente, é prevenir danos e agressões ambientais em vez de os (tentar) remediar. No direito e na política do ambiente, mais do que desenvolver instrumentos de "reacção" aos atentados ambientais (que, em princípio, nunca permitirão a sua recuperação em termos de ele ser colocado no estado em que se encontrava antes do atentado), interessa (como dispõe o artigo 3°, al. a) da LBA) que "as actuações com efeitos imediatos ou a prazo no ambiente" sejam "consideradas de forma antecipativa", por forma a eliminar ou reduzir as próprias causas de alteração do ambiente.

Para além da al. *a)* do artigo 3° da LBA, deve mencionar-se a referência expressa, na al. *a)* do n° 2 do artigo 66° da CRP, à incumbência do Estado de *"prevenir* e controlar a poluição e os seus efeitos e as formas prejudiciais de erosão", bem como a sua previsão no artigo 174°, n° 2, do Tratado da Comunidade Europeia.

A importância da prevenção na política e no direito do ambiente é também significativa para ilustrar o papel de protagonismo do *direito administrativo* no âmbito jurídico-ambiental, de que falaremos mais adiante (cfr. *infra*, III, 4.). Na verdade, a prevenção de atentados e danos ambientais só poderá ser prosseguida com eficácia através dos *meios de direito administrativo,* designadamente por intermédio:

– da qualificação de bens como bens públicos, no pressuposto de que a dominialidade assegurará uma maior protecção do bem contra atentados ambientais;

– da criação de zonas de protecção especial: é o que se passa entre nós com as áreas incluídas na RAN, na REN, nos Parques e Reservas Naturais e ainda nas Áreas de Paisagem Protegida[12];

– da catalogação de bens que ficam sujeitos a regimes especiais: tal é o caso do acto de classificação de bens culturais previsto nos artigos 14° e segs. (especialmente artigo 18°) da lei de protecção e valorização do património cultural (Lei n° 107/2001, de 8 de Setembro);

– de enorme importância se mostra igualmente a criação de certas obrigações e proibições impostas pela Administração (p. ex. proibições de caça e pesca ou de emissão de determinados gases e efluentes, suspensão de actividades lesivas do ambiente. etc.);

– dos poderes regulamentares da administração (muito relevantes a propósito da fixação de valores-limite e de *standards* que os contaminadores não podem ultrapassar);

– da actuação directa da Administração Pública enquanto inspector e polícia;

– do estabelecimento de incentivos económicos como benefícios e isenções fiscais, subvenções e taxas (que não deverão, de qualquer modo, pôr em causa o princípio do poluidor pagador);

– dos mecanismos de planificação (cujas relações com o urbanismo e o ordenamento do território são particularmente próximas);

– dos seus poderes autorizativos ou licenciadores, que se mostram como os instrumentos mais "poderosos" usados pela administração na tutela preventiva do ambiente[12];

– e, por último, através daquele que é provavelmente o mais importante instrumento *específico* do direito do ambiente: o instituto da avaliação de impacte ambiental que tem, antes de tudo, raiz preventiva.

[12] A RAN (Reserva Agrícola Nacional) está regulada no Decreto-Lei n° 196/89, de 14 de Junho (alterado pelos Decretos-Lei n° 274/92, de 12 de Dezembro e 278/95, de 25 de Outubro) e é formada pelo "conjunto de áreas que, em virtude das suas características morfológicas, climatéricas e sociais, maiores potencialidades apresentam para a produção de bens agrícolas" (artigo 3°, n° 1, do diploma citado); da REN (Reserva Ecológica Nacional) ocupa-se o Decreto-Lei n° 93/90, de 19 de Março (alterado pelos Decretos-Lei n° 316/90, de 13 de Outubro, 213/92, de 12 de Outubro, 79/95, de 20 de Abril e 180/2006, de 6 de Setembro), mostrando-nos que esta "constitui uma estrutura biofísica básica e diversificada que, através do condicionamento à utilização de áreas com características ecológicas específicas, garante a protecção de ecossistemas e a permanência e intensificação dos processos biológicos indispensáveis ao enquadramento equilibrado das actividades humanas". Por sua vez o Decreto-Lei n° 19/93, de 23 de Janeiro (alterado pelos Decretos-Lei n°s 151/95, de 14 de Junho, 213/97, de 16 de Agosto, 227/98, de 17 de Julho, 221/2002, de 22 de Outubro, e 117/2005, de 18 de Julho) contém o regime da rede nacional de áreas protegidas, que também cria um regime especial de ocupação, uso e transformação dos terrenos aí integrados. Sobre toda a matéria desta nota cfr. ALVES CORREIA, *Manual de Direito do Urbanismo*, vol. I, Almedina, 3.ª ed., 2006, p. 239-265.

[12] O papel de extraordinário relevo que os actos autorizativos e licenciadores têm assumido na tutela ambiental permite compreender a circunstância de a sua configuração clássica ou tradicional ter necessitado de ser remodelada e complementada em atenção aos interesses ambientais.

Em resumo, e para concluir, sublinharemos o facto de o princípio da prevenção implicar que a política do ambiente deva ser conformada de modo a evitar agressões ambientais, impondo a "adopção de medidas preventivo-antecipatórias em vez de medidas repressivo-mediadoras", bem como "o controlo da poluição na fonte, ou seja, na origem"[14].

5.2. *Princípio da precaução*

O princípio da precaução é o mais recente dos princípios do direito do ambiente, havendo ainda muitas dúvidas sobre o seu exacto conteúdo e muita fluidez à sua volta. Aliás, não se pode dizer que seja já um princípio acolhido na legislação e na prática, uma vez que o seu campo de incidência ainda é, em muitos casos, limitado ao direito internacional, onde foi já consagrado em algumas convenções, declarações e tratados.

Em todo o caso, cada vez há mais passos dados no sentido da sua consagração efectiva, como se pode ver em relação ao caso francês: na recente Carta Constitucional do Ambiente o *princípio da precaução* passou a ter dignidade constitucional. No artigo 5.º desta Carta, dispõe-se: "Na medida em que a verificação de um dano, ainda que incerta face ao estado dos conhecimentos científicos, possa afectar de maneira grave e irreversível o ambiente, as autoridades públicas velam, por aplicação do *princípio da precaução* e no domínio das suas atribuições, pela realização de procedimentos de avaliação dos riscos e pela adopção de medidas provisórias e proporcionais, a fim de evitar a verificação do dano".

Este princípio tem o seu campo de aplicação dirigido aos casos de dúvida, implicando que o ambiente deva ter a seu favor o benefício da dúvida sempre que haja incerteza e falta de provas científicas suficientes para demonstrar a inocuidade ambiental de determinado comportamento. Daí que se diga que a *incerteza científica* fez a sua entrada no direito por intermédio deste princípio, que proporciona uma base de actuação sempre que a ciência não possa dar uma resposta clara.

A sua principal consequência prática é a de *transferir o ónus da prova* do nexo causal entre a fonte poluidora e o dano ambiental dos poderes públicos para o poluidor potencial: é este último que tem de provar que as suas actividades não produzem impactes ambientais nocivos; caso contrário, a decisão terá de ser contra ele, seja no sentido de o impedir de levar a cabo determinada acção, seja no de o obrigar a suspender ou cessar o exercício de uma actividade, seja ainda no de o obrigar a tomar medidas para recuperar o componente ambiental lesado ou a ressarcir os lesados nos seus direitos ao ambiente. Isto

---

[14] Cfr. Gomes Canotilho, *Direito Público do Ambiente,* cit., p. 40.

tudo mesmo nos casos em que não haja uma prova científica inequívoca sobre o nexo de causalidade entre o comportamento proibido e o dano ambiental.

Fala-se, a este respeito, num princípio *in dubio pro ambiente,* que implica que o ambiente deva prevalecer sobre o agente poluidor sempre que hajá dúvidas sobre a perigosidade ambiental de uma actividade.

Apesar de, em termos lógicos, a precaução surgir antes da prevenção, mencionámos o princípio da precaução a seguir ao da prevenção por este estar mais correctamente delimitado e por aquele ser muitas vezes definido em confronto com este: a precaução exige uma actuação mesmo antes de se impor qualquer acção preventiva, uma vez que as medidas destinadas a precaver danos ambientais devem ser tomadas antes de ser estabelecida qualquer relação causal por intermédio de provas científicas absolutamente claras[15].

O futuro nos dirá a medida em que este princípio será acolhido nas ordens jurídicas internas. O seu campo de aplicação está, hoje, ainda bastante circunscrito, havendo no entanto sinais de que, por influência da doutrina e da jurisprudência, ele pode vir a ganhar uma importância crescente, não apenas no âmbito do direito ambiental mas também nos domínios da genética e da biotecnologia e noutras áreas onde se estão a provocar alterações cujos efeitos estão muito longe de ser conhecidos. Será esta a forma de abrir as portas, no mundo do direito, à adopção de medidas de protecção contra riscos desconhecidos.

5.3. *Princípio do poluidor pagador*

O princípio do poluidor pagador está consagrado na parte final da al. *a)* do artigo 3° da *LBA,* onde se dispõe que o poluidor é "obrigado a corrigir ou recuperar o ambiente, suportando os encargos daí resultantes, não lhe sendo permitido continuar a acção poluente".

Este princípio, antes da sua transposição para o mundo do Direito, começou por se afirmar como *princípio económico* informador da política ambiental, sobretudo com base nas obras de dois destacados economistas: ARTHUR CECIL PIGOU e RONALD COASE[16]. Estes Autores, na esteira de ALFRED MARSHAL, vieram

---

[15] Alguns autores defendem uma concepção diferente, no sentido de inserir a precaução no princípio da prevenção, não distinguindo os dois princípios. Por todos, cfr. VASCO PEREIRA DA SILVA, *Verde Cor de Direito – Lições de Direito do Ambiente*, Almedina, 2002, p. 65-73 (o Autor, conclui, de forma lapidar: "Em síntese, mais do que proceder à autonomização de uma 'incerta' precaução, julgo preferível adoptar um conteúdo amplo para o princípio da prevenção (...)"

[16] Sobre estes Autores cfr., entre nós e desenvolvidamente, MARIA DA GLÓRIA F. P. D. GARCIA, *O Lugar do Direito na Protecção do Ambiente*, Almedina, 2007. A Autora trata a matéria "A Economia e a Protecção do Ambiente" em todo o Capítulo V desta obra, debruçando-se nomeadamente sobre a questão de saber "Quem paga a 'factura ambiental'?" (p. 171 e segs.) e, dentro dela, sobre a solução de PIGOU (p. 173-175) e sobre o teorema de COASE (p. 176-188). Seguimos a obra, no essencial, no texto imediatamente subsequente.

chamar a atenção para as noções de *custos sociais marginais* e de *externalidades negativas*, que mais tarde se veria ser o caso exemplar da *poluição* (os fumos, ruídos, vibrações, resíduos e outras perturbações do ambiente que têm origem em unidades produtivas, são subprodutos dessa actividade que o preço dos bens não reflecte, permitindo que o produtor enriqueça, que os destinatários dos produtos sejam beneficiados, mas que o todo da sociedade perca em termos do nível de qualidade de vida).

Tendo por base estas teorias, passou a colocar-se a questão, na arena ambiental, de saber quem paga esta "factura" ambiental. E passou a compreender-se a necessidade de não ser a comunidade – seja por intermédio dos poderes públicos, sejam os cidadãos indiferenciados – a suportar os antigos "custos sociais da produção", que deveriam incidir sobre o produtor dos bens.

A ligação destas teorias, aqui só muito imprecisamente esboçadas, às ideias de prevenção ambiental e de correcção na fonte conduziu à formulação do princípio em termos jurídicos e à sua recepção nos ordenamentos jurídicos.

O princípio está ligado à ideia de responsabilização, se bem que não se esgote nela. Daí a necessidade de o articular com o *princípio da responsabilização* o qual, nos termos da redacção da LBA, "aponta para a assunção pelos agentes das consequências, para terceiros, da sua acção, directa ou indirecta, sobre os recursos naturais" (al. *h)* do artigo 3°).

Assim, o poluidor deve suportar o custo das medidas que teve de tomar para proteger o ambiente (nos termos da lei), devendo também pagar as providências que os poderes públicos tenham de adoptar para fazer face a actividades poluentes (sistemas de análises, controlo e tratamento de resíduos, etc.).

Mas, repetimo-lo, o princípio do poluidor pagador não se esgota nessa ideia, em face da sua vocação para a *precaução* e *prevenção* da poluição (donde resulta a sua relação com os princípios respectivos) e ainda da conexão que mantém com a ideia de *redistribuição* dos custos do combate à poluição.

5.4. *Princípio da participação*

Em consonância com o que hoje se passa na vida e funcionamento da Administração Pública, em geral, também ao nível do direito do ambiente se defende com uma intensidade acrescida a necessidade de não apenas os órgãos e agentes administrativos, mas igualmente os diversos grupos sociais existentes na comunidade, intervirem – não só de forma consultiva, senão que também com um papel activo – nas tomadas de decisão relevantes para o ambiente.

Este movimento é um movimento geral na vida da Administração Pública e não apenas em matéria de ambiente: a Constituição estabelece expressamente como um dos objectivos fundamentais da lei de procedimento administrativo o de assegurar "a participação dos cidadãos na formação das decisões ou deliberações que lhes disserem respeito" (artigo 267°, n° 5).

O Código do Procedimento Administrativo cumpre com rigor tal objectivo, logo em sede de princípios gerais (no seu artigo 7° consagra-se o "princípio da colaboração da Administração com os particulares" e no 8° o "princípio da participação") e também na tramitação do procedimento, onde a "audiência dos interessados" (artigos 100° e segs.) assume um papel preponderante.

Se é necessário prevenir os atentados ambientais e garantir que os seus causadores sejam responsabilizados, é igualmente imperioso permitir que os cidadãos (individualmente considerados ou organizados em grupos ou associações) possam ser ouvidos na formulação e execução da política de ambiente, por forma a poderem intervir nela. A protecção do ambiente não deve ser um monopólio do Estado, necessitando da colaboração e participação dos indivíduos e dos grupos sociais. Daí que seja a própria Constituição a exigir "o envolvimento e a participação dos cidadãos" no desempenho das incumbências obrigatórias para o Estado para assegurar o direito ao ambiente (n° 2 do artigo 66°).

Faz-se sentir, neste âmbito, a crescente necessidade de criar espaços de participação, onde se promova o encontro e o debate entre os cidadãos, para tentar solucionar, conjuntamente, problemas ambientais que se poderão traduzir numa verdadeira melhoria da qualidade de vida das populações. Poderemos citar, a título exemplificativo, um fenómeno que se tem vindo a verificar, ao nível do poder local, através da criação do designado "Conselho Municipal de Ambiente" o qual, "não obstante não ter competências executivas ou deliberativas, permite um contacto directo, 'olhos nos olhos', dos cidadãos com quem detém as referidas competências"[17]. A título exemplificativo, veja-se o que se passa com o "Conselho Municipal de Ambiente da Póvoa do Varzim" que reúne, entre outros, o Vereador do Pelouro do Ambiente e alguns dos seus quadros técnicos, bem como instituições com capacidade executiva nas questões ambientais (Bombeiros Voluntários, Câmara Municipal, Capitania do Porto da Póvoa do Varzim, forças de segurança, juntas de freguesia, etc.), em conjunto com organizações que representam a sociedade civil e qualquer cidadão que individualmente o pretenda[18].

O princípio (e o correlativo direito) de participação está fortemente ligado a um outro direito que em geral vem sendo reconhecido em termos cada vez mais amplos aos cidadãos: o *direito à informação*. Só quando os cidadãos estão devidamente informados é que podem ter oportunidade de exercer convenientemente o seu direito de participação.

---

[17] Cfr. PEDRO MONTEIRO, "Criar Espaços de Participação", Colóquio *Participação Pública e Ambiente: O Poder do Cidadão*, Liga para a Protecção da Natureza, Porto (Casa de Serralves), 19 de Abril de 2007.

[18] Sobre este Conselho cfr. http://www.cm-pvarzim.pt/ambiente-e-urbanismo/conselho-municipal-de-ambiente, bem como a comunicação de PEDRO MONTEIRO (representante das Escolas Secundárias neste mesmo Conselho) referida na nota anterior.

Como reflexo da importância que a informação – também enquanto pressuposto indeclinável de uma participação responsável e efectiva – assume em matéria ambiental, não surpreende a recente publicação da Lei n.º 19/2006, de 12 de Junho de 2006, que "Regula o acesso à informação sobre ambiente, transpondo para a ordem jurídica interna a Directiva n.º 2003/4/CE, do Parlamento Europeu e do Conselho, de 28 de Janeiro". Se a matéria já era regulada, desde 1993, na Lei de Acesso aos Documentos da Administração, ela é hoje objecto de uma lei específica.

De acordo com o seu artigo 2.º, a Lei tem por objectivo garantir o direito de acesso à informação sobre ambiente detida pelas autoridades públicas, assegurar que a informação sobre ambiente seja divulgada e disponibilizada ao público e promover o acesso à informação através da utilização de tecnologias telemáticas ou electrónicas, responsabilizando as autoridades públicas por uma série de medidas necessárias para assegurar a informação ambiental (artigos 4.º, 5.º, 7.º e 10.º) e garantindo aos cidadãos o *direito de acesso à informação sobre ambiente*, independentemente do seu interesse na matéria (artigo 6.º).

Deve ainda ser mencionado, no âmbito do princípio da participação, o cada vez maior relevo que vêm assumindo as práticas e os mecanismos da *educação ambiental* (em consonância com o disposto no artigo 66.º da CRP, como vimos já). MARIA JOÃO SILVA revela-nos, a este propósito, que "Os objectivos da educação ambiental definidos na Carta de Belgrado em 1975 continuam, hoje, a ser uma referência para o trabalho nesta área, ou seja continua a ser globalmente reconhecido que o desenvolvimento da sensibilidade para as questões ambientais, bem como a promoção das aprendizagens sobre as mesmas são condições necessárias para uma participação das populações nas decisões relativas ao ambiente"[19].

O princípio da participação tem também uma relação evidente com o direito administrativo: quando se afirma (como faz a LBA na al. *c)* do seu artigo 3°) que "os diferentes grupos sociais devem intervir na formulação e execução da política de ambiente (...) através dos órgãos competentes de administração (...)", está evidentemente a pensar-se sobretudo na sua participação no procedimento administrativo, de que curaremos mais adiante (cfr. *infra*, VII, 2.4.).

Diga-se ainda que as associações de defesa do ambiente – chamadas "organizações não governamentais de ambiente" (ONGA), desde a publicação da Lei n° 35/98, de 18 de Julho – representam um destacado papel na efectivação do princípio da participação. A Lei n° 35/98, além de lhes atribuir "o direito de consulta e informação junto dos órgãos da Administração Pública sobre docu-

---

[19] Cfr. MARIA JOÃO SILVA, "Participação pública e educação ambiental", Escola Superior de Educação (Instituto Politécnico do Porto), resumo da comunicação apresentada no Colóquio *Participação Pública e Ambiente: O Poder do Cidadão*, cit.

mentos ou decisões administrativas com incidência no ambiente" (artigo 5°, n°
1), confere-lhes "o direito de participar na definição da política e das grandes
linhas de orientação legislativa em matéria de ambiente" (artigo 6°, n° 1), o
direito de representação (artigo 7°) e a "legitimidade para promover junto das
entidades competentes os meios administrativos de defesa do ambiente, bem
como para iniciar o procedimento administrativo e intervir nele" (artigo 9°).

E a prática tem mostrado que diversas destas organizações, designadamente a QUERCUS e a Liga para a Protecção da Natureza, não se têm coibido
de usar este seu direito e, de forma mais geral, de zelar pela (e contribuir para
a) preservação do ambiente.

5.5. *Outros princípios*

Existem outros princípios do direito do ambiente parcialmente desenvolvidos pela doutrina e com uma maior ou menor consagração na legislação nacional e internacional. Entre eles poderemos mencionar o *princípio da correcção
na fonte* (ligado ao princípio da prevenção e impondo ao emissor poluente a
adopção de medidas de correcção e recuperação, suportando os custos, rejeitan-
do, assim, um "tratamento de fim de linha"), o *princípio do equilíbrio* (implica
a proibição de diminuição do nível de equilíbrio ambiental existente, ou seja,
impõe a conservação do ambiente) e o *princípio da cooperação internacional*
(determinando que a protecção do ambiente não seja apenas tarefa de um
Estado, exigindo soluções no plano internacional e nos espaços transnacionais).

III. O PAPEL DO DIREITO PÚBLICO NA TUTELA JURÍDICA DO AMBIENTE

1. Ideia geral

Não pretendemos pôr agora de lado aquilo que já foi dito sobre a horizontalidade ou transversalidade do direito do ambiente, ao mesmo tempo dependente dos institutos, normas, conceitos e meios de tutela dos ramos tradicionais do direito e responsável pela sua reformulação.

O nosso objectivo é apenas o de tentar demonstrar que, apesar de tais características, o campo específico do direito público (mais concretamente o direito constitucional e o direito administrativo, com maior destaque para este último) são os que maior significado têm na regulamentação jurídica das condutas susceptíveis de se relacionarem com o ambiente.

Para procurarmos explicar esse papel, referir-nos-emos primeiramente ao contributo do direito civil e do direito penal na ordenação jurídica do ambiente, para depois analisarmos as razões "positivas" do lugar de destaque do direito constitucional e, em particular, do direito administrativo.

2. A abordagem civilística do ambiente

O direito civil não tem um papel pequeno em sede ambiental, uma vez que o ambiente levanta muitas questões no âmbito das relações jurídico-privadas, seja entre indivíduos singularmente considerados, seja entre eles e pessoas colectivas privadas ou apenas entre estas últimas.

Ao nível da abordagem civilística é de destacar, desde logo, o recurso à protecção que se pode ancorar na tutela dos *direitos de personalidade*: tendo por base a norma do artigo 70.º do Código Civil (*tutela geral da personalidade*), nomeadamente o seu n.º 2, que garante à pessoa ameaçada ou ofendida a possibilidade de "requerer as providências adequadas às circunstâncias do caso, com o fim de evitar a consumação da ameaça ou atenuar os efeitos da ofensa já cometida".

Com base nesta norma, pressupondo que o direito ao ambiente, como direito fundamental, faz parte da personalidade humana, os tribunais judiciais portugueses têm feito funcionar a protecção civilística do ambiente sobretudo em termos de *tutela geral da personalidade*.

Por outro lado, também o instituto da *responsabilidade civil*, ancorado no princípio geral estabelecido no artigo 562.º do Código Civil, em face do qual "Quem estiver obrigado a reparar um dano deve reconstituir a situação que existiria, se não se tivesse verificado o evento que obriga à reparação", tem sido posto ao serviço da tutela ambiental. A violação do direito ao ambiente, enquanto direito subjectivo fundamental, conduz em muitos casos ao nascimento de uma pretensão indemnizatória da vítima perante o responsável pelo dano, que fica obrigado ao seu ressarcimento.

Por último, merece referência a matéria das *relações de vizinhança*, que ocupa grande protagonismo neste âmbito. O Código Civil contém uma norma destinada à tutela destas relações: sob a epígrafe "Emissão de fumo, produção de ruídos e factos semelhantes", o artigo 1346.º dispõe:

> "O proprietário de um imóvel pode opor-se à emissão de fumo, fuligem, vapores, cheiros, calor ou ruídos, bem como à produção de trepidações e a outros quaisquer factos semelhantes, provenientes de prédio vizinho, sempre que tais factos importem um prejuízo substancial para o uso do imóvel ou não resultem da utilização normal do prédio de que emanam".

Esta norma tem permitido, em diversos casos, a tutela das relações de vizinhança no âmbito do direito civil, embora os seus limites sejam evidentes, nomeadamente por se falar (apenas) no "proprietário de um imóvel".

No entanto, a abordagem civilística revela-se claramente insuficiente para levar a cabo uma ordenação jurídica global do ambiente, pela razão óbvia de que não são apenas interesses particulares que estão aqui em jogo. Estes interesses particulares, que muitas vezes se configurarão como verdadeiros direitos, têm o seu local de regulação próprio no âmbito do direito civil sempre que não esteja envolvida nenhuma pessoa colectiva pública ou nenhuma pessoa colectiva privada investida de poderes públicos.

No entanto, há muito que deixaram de estar apenas em causa, no domínio ambiental, "meros" interesses privados: são também (e *sobretudo) interesses genéricos da colectividade* (local, regional ou nacional) que importa proteger, o que implica a necessidade de uma regulação a efectuar pelo direito público.

Como mostra GOMES CANOTILHO, as várias técnicas oriundas do direito privado ("técnicas" ou "construções" da "privatística ambiental") que procuraram dar resposta aos problemas jurídicos do ambiente – a técnica proprietarista, a configuração do direito ao ambiente como direito à salubridade e o direito ao ambiente como direito de personalidade – têm sido alvo de numerosas críticas, sendo manifestamente insuficientes na tutela do ambiente, sobretudo quando este é encarado como interesse colectivo'[1].

3. O papel do direito penal

O direito penal é o ramo do direito público que funciona como a *ultima ratio* da política social, com o sentido de que ele só deve intervir onde e quando os mecanismos sancionatórios ao serviço de outros ramos do direito não sejam suficientes para prevenir e reprimir a infracção. Ou seja: só quando as violações às normas jurídicas não possam ser reparadas e sancionadas com o recurso aos instrumentos de outros direitos (nomeadamente do direito civil e do direito administrativo) é que é legítimo recorrer ao direito penal.

Entre outras razões de fundo, que aqui não cabe analisar, prende-se essa sua natureza com o facto de as sanções penais serem, sem qualquer dúvida, as mais gravosas para os direitos dos cidadãos, podendo implicar a própria perda da liberdade, valor fundamental para os indivíduos e para a sociedade.

Daí que o direito penal não possa ter uma posição de protagonismo na tutela ambiental: isso seria reconhecer que as infracções às normas ambientais implicavam sempre uma violação de condições básicas de convivência social e um atentado aos valores fundamentais da comunidade social juridicamente organizada.

O facto de ele não ter essa posição não invalida, de qualquer forma, um recurso crescente aos instrumentos do direito penal na regulamentação jurídica do ambiente. Esse recurso crescente é bem demonstrado pelo próprio texto do Código Penal português, o qual prevê expressamente (desde Outubro de 1995) o crime de *poluição* (no artigo 279°), além do crime de *danos contra a natureza* (artigo 278°) – a que se junta ainda o *crime de incêndio florestal*, previsto pelo artigo 274.º do Código e que determina a responsabilização criminal com pena de prisão de 1 a 8 anos[2] de "quem provocar incêndio em floresta, mata, arvoredo ou seara, *próprias ou alheias*", bem como de quem realizar outras acções aí tipificadas, como por exemplo "impedir o combate aos incêndios" (n.º 6) ou "dificultar a extinção dos incêndios" (nº 7).

De qualquer forma, a técnica usada pelo Código Penal na definição destes crimes acaba por reforçar o papel do direito administrativo[3]. Nos termos do n.º 1

---

[1] Cfr. GOMES CANOTILHO, *Direito Público do Ambiente, cit.,* p. 13 e segs.

[2] Sendo a moldura penal da pena de prisão de 3 a 12 anos se concorrerem algumas das circunstâncias agravantes previstas no n.º 2.

[3] Na recentíssima (e profunda) alteração que o Código Penal sofreu, por intermédio da Lei n.º 59/2007, de 4 de Setembro, a redacção dos preceitos relevantes, do ponto de vista ambiental, foi bastante alterada. Todavia, para os propósitos que nos interessam e que vamos tratar no texto, a alteração não foi significativa.

de ambos os preceitos (de redacção exactamente igual) os factos que originam
o preenchimento destes tipos legais de crime têm de se traduzir (também) na
não observação de "disposições legais, regulamentares ou obrigações impostas
pela autoridade competente em conformidade com aquelas disposições". Ou
seja: o legislador faz uma remissão expressa para disposições legais de direito
administrativo, para regulamentos administrativos ou para obrigações impostas
pelas autoridades administrativas em conformidade com aquelas disposições[4].

Estamos assim no domínio daquilo que a doutrina penalista designa por
acessoriedade administrativa e que traduz o condicionamento da intervenção
penal ao incumprimento de regras estabelecidas no ordenamento jurídico-admi-
nistrativo ou de obrigações determinadas pelas autoridades administrativas.

Para além disso, há uma alteração (produzida pela já mencionada Lei n.º
59/2007, de 4 de Setembro) que, apesar de se referir a um preceito da Parte
Geral do Código Penal, tem grande importância ao nível ambiental. Referimo-
-nos à nova redacção do artigo 11.º do Código ("Responsabilidade das pessoas
singulares e colectivas") que, depois de reafirmar o princípio de acordo com o
qual "só as pessoas singulares são susceptíveis de responsabilidade criminal"
(n.º 1), estabelece, no n.º 2: "As pessoas colectivas e entidades equiparadas
(…) de outras pessoas colectivas públicas e de organizações internacionais de
direito público, são responsáveis pelos crimes previstos" numa série de artigos,
nomeadamente os crimes de *danos contra a natureza* (artigo 278.º) e de *poluição* (artigo 279.º).

A consagração da *responsabilidade penal das pessoas colectivas* assume,
como é evidente, uma importância extrema no domínio ambiental, uma vez que
grande parte dos atentados ao ambiente tem a sua origem em instalações (em
especial industriais) que muitas vezes se escudariam sob o manto da
irresponsabilidade criminal das pessoas colectivas que as detêm.

Daí não ser de estranhar a opinião dos serviços do Ministério da Justiça
(MJ), de acordo com a qual "um dos aspectos mais importantes da revisão é a
previsão da responsabilidade penal de empresas, sociedades civis e comerciais,
associações, entre outras, face a um vasto conjunto de crimes previsto neste
código". Ainda, segundo o MJ, trata-se de "uma inovação que vem ao encontro

---

É em todo o caso de destacar que, de acordo com o Ministério da Justiça, foi "reforçado
o combate a fenómenos criminais graves como o (…) incêndio florestal e os crimes contra o
ambiente" – cfr. o texto do Ministério da Justiça "Código Penal reforça combate a fenómenos
criminais", in *Portal do Governo* (http://www.portugal.gov.pt/Portal).

[4] Uma das alterações trazidas pela Reforma, que não nos parece de especial importância,
foi a de deixar de se mencionar a realização dos factos que levam à punição pelo crime de
poluição "em medida inadmissível", dispondo-se agora que a não observação das disposições
legais, regulamentares ou obrigações administrativas deverá ser feita *de forma grave* (n.º 1 do
artigo 279.º), densificando o n.º 3 do mesmo preceito as situações em que se considera que o
agente actua de forma grave.

da realidade contemporânea, em que ganha importância a 'criminalidade de empresa', sobretudo em fenómenos como (...) os crimes contra o ambiente (...)"[5].

Na sequência desta alteração, foi aditado um novo capítulo (o VI) ao livro I do Código Penal, capítulo esse com a epígrafe "pessoas colectivas", onde se regulam as penas a estas aplicáveis: a partir de agora, são aplicáveis às pessoas colectivas penas de multa, caução, vigilância judiciária, admoestação, interdição do exercício de actividade, encerramento de estabelecimento, proibição de celebrar certos contratos ou determinadas entidades, privação do direito a subsídios, subvenções ou incentivos, publicidade da decisão condenatória e, em casos mais graves, a própria dissolução.

4. O papel do direito constitucional e do direito administrativo

Antes de passar à explicação das razões que levam a quase unanimidade da doutrina a considerar que o direito constitucional e, sobretudo, o direito administrativo, têm a posição de maior protagonismo na tutela jurídica do ambiente[6], impõem-se algumas palavras sobre o facto de eles surgirem como os principais ramos do direito público, bem como sobre as relações entre os dois ramos do direito, muito próximos um do outro.

4.1. *O direito constitucional e o direito administrativo como ramos do direito público; relações entre eles*

O direito constitucional e o direito administrativo são os ramos mais importantes do direito público ou, pelo menos, aqueles onde as notas dessa *publicidade* são mais evidentes. Quaisquer que sejam os critérios adoptados para distinguir o direito público do direito privado, tais notas caracterizam o direito constitucional e o direito administrativo como ramos do direito público.

---

[5] Cfr. "Código Penal reforça combate a fenómenos criminais", cit.

[6] Podem indicar-se múltiplos autores que, sem negarem o carácter horizontal das questões ambientais, sublinham que a análise do direito do ambiente exige quase sempre que o seu tratamento seja feito a partir dos conceitos, instrumentos, meios e métodos do direito administrativo: vide, exemplificativamente, MICHEL PRIEUR, *Droit de l'Environnement*, 1991, para quem (p. 12) " o direito do ambiente está principalmente relacionado com o direito administrativo em razão da importância das regras de polícia e do papel do Estado na política do ambiente"; para MARTINEZ MARTIN ("Las funciones de las Administraciones Publicas en el medio ambiente", *Documentación Administrativa*, n° 190, p. 293 e segs.) o direito ambiental é um "direito administrativizado, porque terá carácter administrativo pela sua natureza a grande maioria das normas que o integram" (p. 306).

É evidente que, quanto ao direito constitucional, ele aparece como pilar estruturante de toda a ordem jurídica e, nesse sentido, não apenas do direito público. No entanto, e apesar de ele conter algumas normas jurídico-civis (por exemplo aplicáveis ao direito da família), verdade é que a Constituição define *o estatuto jurídico do político,* contendo também os princípios fundamentais de organização e funcionamento da Administração Pública (donde resulta também a fortíssima ligação do direito administrativo ao direito constitucional).

Em relação ao direito administrativo, quer se recorra ao *critério do interesse,* ao do *sujeito* ou ao dos *poderes de autoridade,* qualquer deles conduz à conclusão de que ele é um ramo do direito público: no primeiro caso porque os princípios, as normas e o sistema do direito administrativo são, antes de mais, dirigidos à *prossecução do interesse público*; no segundo, porque são públicos os sujeitos jurídicos que formam a Administração; no terceiro, porque as normas de direito administrativo se aplicam à actividade e funcionamento da Administração Pública quando esta se encontra no *exercício de poderes de autoridade.*

4.2. *Protagonismo do direito administrativo na tutela do ambiente*

Visando o direito administrativo a regulamentação das relações entre os cidadãos e a Administração Pública, quando esta actua no uso dos seus poderes de autoridade, e das formas de actuação administrativas autoritárias (em especial, o acto e o regulamento administrativos), rapidamente se tornou evidente que ele teria de assumir a posição de maior relevo na ordenação jurídica do ambiente.

Cedo se desenvolveu a convicção de que a protecção e promoção do ambiente, mais do que relacionada com ós interesses particulares e egoístas dos cidadãos individualmente considerados, se configurava como um *interesse colectivo* da maior importância. E a partir do momento em que a prossecução de tal interesse passou a estar legalmente confiada aos entes administrativos, esse interesse colectivo passou a assumir-se como um *interesse público.* Ora, a meta e o princípio básico orientador de toda a actividade administrativa – o (princípio da prossecução do) *interesse público,* mencionado tanto na Constituição (artigo 266°, n° 1) como no CPA (artigo 4°) – passou a apontar para a necessidade de a Administração orientar a sua actuação (também) para a protecção e promoção do ambiente. Aliás, como veremos *infra* (V. 1.), o ambiente está consagrado na Constituição como uma tarefa, incumbência ou fim do Estado, competindo antes de mais à Administração Pública velar pelo desempenho de tal função.

A partir do momento em que a defesa do ambiente passou a significar defesa de interesses colectivos e públicos, a "política ambiental" a desenvolver no interior dos Estados teve de recorrer ao direito administrativo, uma vez que a intervenção do Estado (enquanto pessoa colectiva pública que, no seio da comunidade nacional, está incumbida do desempenho da actividade administrativa, sob a direcção do Governo) se deve apoiar directamente neste direito.

Outra razão justificativa do papel do direito administrativo em sede ambiental prende-se com a sua *maior aptidão para regular questões de índole técnica.* Ao passo que o direito constitucional se refere às opções básicas de organização e funcionamento da comunidade jurídica e política, tais opções são concretizadas ao nível do direito administrativo, o qual tem instrumentos aptos para esse objectivo. Concretizando: as opções básicas sobre a organização e funcionamento da actividade administrativa, bem como a previsão dos direitos fundamentais dos cidadãos são estabelecidos na Constituição; por sua vez, a legislação (administrativa) ocupa-se da disciplina jurídica dos comportamentos e actividades com impactes ambientais, desde a regulamentação básica dos aspectos essenciais à protecção e promoção ambiental (por exemplo na Lei de Bases do Ambiente) até ao estabelecimento de regimes específicos sobre determinados componentes ambientais (leis sobre a qualidade da água, do ar, o combate ao ruído, a protecção da fauna e flora, etc.) e sobre as actividades susceptíveis de produzirem efeitos ambientais (leis sobre a avaliação de impacte ambiental, sobre o licenciamento industrial, sobre recolha, transporte, armazenagem, tratamento, valorização e eliminação dos resíduos, etc.).

Todavia, na esmagadora maioria dos casos essas leis estão ainda muito "longe" das situações concretas, sendo imprescindível que a Administração se ocupe da interpretação, especificação, pormenorização e, por vezes, desenvolvimento dos preceitos legais através de *regulamentos administrativos*[7]. Sendo ainda a Administração que, posteriormente, vai praticar os *actos administrativos* indispensáveis à autorização e licenciamento de actividades susceptíveis de produzirem impactes ambientais, ao controlo, fiscalização e sancionamento das condutas com efeitos ambientais nocivos e a outras formas de fixar a disciplina ambiental dos casos concretos sujeitos à sua apreciação.

Daí que toda a "aparelhagem" técnica do direito administrativo, designadamente contida em regulamentos e actos administrativos, venha a desempenhar um papel de relevo único na ordenação jurídica do ambiente.

---

[7] Um bom exemplo da utilização dos regulamentos administrativos no domínio ambiental pode ser confirmado ao verificar-se a proliferação de regulamentos municipais nesta sede, nomeadamente quanto aos resíduos sólidos, aos espaços verdes e às águas residuais, entre outros domínios.

IV. DIREITO CONSTITUCIONAL DO AMBIENTE
Breve Referência

1. A recepção do ambiente pelas Constituições

Hoje em dia, nos primórdios do século XXI, já nem sequer se discute a questão de saber se a protecção do ambiente deve ou não constar do texto das constituições nacionais. Sendo a Constituição, em qualquer ordenamento jurídico, a "Lei Fundamental" (na qual se definem as opções básicas da comunidade política e juridicamente organizada, se estabelecem os princípios fundamentais a que toda a legislação e todos os aplicadores do direito devem obediência e se garantem os direitos fundamentais dos cidadãos) é evidente que ele tem de fazer parte dos seus textos. As preocupações com o ambiente constam hoje entre as mais importantes, tanto por parte dos cidadãos como dos poderes públicos, razão pela qual o ambiente aparece nos articulados das diversas constituições também com uma dimensão material-legitimadora da própria Constituição.

Daí que a questão se prenda, de há mais de uma década a esta parte, apenas com a dúvida sobre *qual a forma de prever* a protecção do ambiente nos textos constitucionais, havendo duas alternativas básicas que têm sido seguidas nos diversos países: a de o consagrar como tarefa, incumbência ou fim do Estado; ou de o acolher como direito fundamental dos cidadãos[1].

2. O ambiente enquanto tarefa, incumbência ou rim do Estado

De acordo com esta alternativa, incluem-se normas-fim no texto constitucional, normas essas que prevêem que a protecção e promoção do ambiente é um fim, uma incumbência ou uma tarefa do Estado, que está negativamente

---

[1] Sobre esta opção, cfr. INGO VON MÜNCH, "A Protecção do Meio Ambiente na Constituição", *Revista Jurídica do Urbanismo e do Ambiente,* n° 1, Junho 1994, p. 41-53 (p. 48-53); e GOMES CANOTILHO, "Estado Constitucional Ecológico e Democracia Sustentada", Revista do CEDOUA, ano IV, n.º 2, 2001, p. 9-16.

obrigado a não ofender as condições ambientais e positivamente incumbido de desenvolver acções promocionais do ambiente.

O exemplo paradigmático desta alternativa pode ser encontrado na Constituição alemã. Após a revisão constitucional de 1994 – na qual foi bastante discutida a forma como o ambiente deveria ser acolhido no articulado da Grundgesetz – passou a constar do novo artigo 20°A a seguinte norma: "O Estado protege também, assumindo a responsabilidade pelas futuras gerações, as bases naturais da vida, no quadro da ordem constitucional, através de leis, e segundo a medida da lei e do direito, através de actos do poder executivo e actos judiciais".

Também as constituições holandesa, grega e sueca optaram por este modelo.

3. O ambiente como direito fundamental

Neste outro "modelo", o ambiente é protegido por normas consagradoras de *direitos fundamentais,* configurando-se como um *direito fundamental dos cidadãos.*

Como exemplo de tal consagração deve mencionar-se o n° 1 do artigo 66° da Constituição da República Portuguesa, nos termos do qual "Todos têm direito a um ambiente de vida humano, sadio e ecologicamente equilibrado". Também as Constituições da Espanha, Turquia, Eslováquia, Eslovénia, Polónia, Índia e África do Sul seguem esta opção, devendo salientar-se que, por norma, não se protege um vago "direito ao ambiente", mas sim um direito ao ambiente qualificado de diferentes maneiras ("limpo", "saudável", "viável", "satisfatório", "ecologicamente equilibrado", "sadio", "sustentável", "livre de contaminação", "adequado ao desenvolvimento da pessoa", etc.).

Como vimos, a França também acolheu recentemente o ambiente na respectiva Constituição, por intermédio da referida *Carta Constitucional do Ambiente*, a qual estabelece, em simultâneo, a existência de um "direito a viver num ambiente equilibrado e que respeita a saúde" (art. 1.°) e uma série de incumbências que incidem sobre as autoridades públicas (art. 5.°) e que devem ser acolhidas nas políticas públicas (art. 6.°).

A diferença entre acolher o ambiente (apenas) enquanto fim do Estado ou como direito fundamental dos cidadãos pode ser, na prática, bastante significativa, uma vez que, ao garantir-se um direito subjectivo fundamental ao ambiente está-se a permitir o acesso ao direito e aos tribunais para se obter o seu cumprimento. Foi, aliás, esta a razão que terá levado o legislador constitucional alemão a optar por consagrar o ambiente apenas como fim do Estado, seguindo o raciocínio de que não valeria a pena reconhecer o ambiente como direito fundamental por não haver instrumentos para o efectivar. Para os alemães, mais vale reconhecê-lo apenas como tarefa ou fim do Estado (impondo-lhe assim uma conduta) do que estar a falar num direito fundamental que, na prática, é impossível de ser protegido em termos aceitáveis.

Em todo o caso, parece que acaba por valer a pena a previsão do direito subjectivo individual ao ambiente, uma vez que se permite aos cidadãos actuar em nome individual, exigindo a protecção ambiental em seu nome próprio; sobretudo naqueles países, como no nosso, em que se articulam os direitos fundamentais com o *direito de acesso ao direito e aos tribunais* para a sua tutela: daí a importância da articulação do direito ao ambiente com o direito à tutela jurisdicional efectiva (sobre esta articulação, no caso português, cfr, *infra,* V, 2.).

V. A PROTECÇÃO DO AMBIENTE NA CRP

1. A "constituição ambiental"

A Constituição da República Portuguesa abriu o caminho à exigência de protecção do ambiente por parte da ordem jurídica globalmente considerada. O ambiente mereceu a atenção do legislador constitucional português em termos muito significativos e relativamente revolucionários, pois a protecção do direito ao ambiente constava já da redacção original da Constituição da República de 1976.

Na verdade, o ambiente está consagrado na nossa Lei Fundamental nas duas formas pelas quais ele é acolhido – em regra, em termos de opção por uma ou outra – nas diferentes constituições estrangeiras:

- por um lado, a sua tutela é erigida em uma das *tarefas fundamentais do Estado* [cfr. artigos 9°/*d)* e *e),* 66°, n° 2, 81°/*m)* e 93°, n° 1, al. *d)* e n° 2);
- por outro, a CRP garante aos cidadãos o "direito (fundamental) a um ambiente de vida humano sadio e ecologicamente equilibrado" (artigo 66°, n° 1).

As diversas normas constitucionais que se debruçam sobre o ambiente permitem afirmar que este se configura como verdadeiro bem jurídico à luz do ordenamento constitucional. No entanto, deve salientar-se que o direito ao ambiente, como direito subjectivo fundamental, configurado de forma autónoma sobretudo na sua dimensão de direito ecológico, deverá condicionar todas as tomadas de posição que sejam assumidas pelo legislador e aplicadores do direito na matéria. Estão não apenas impedidos de actuar de maneira a comprometer o ambiente, mas também obrigados a pautar (positivamente) o seu comportamento por uma actuação favorável à sua preservação e recuperação; actuação favorável que deve compreender a abertura de vias susceptíveis de serem prosseguidas em ordem a uma tutela efectiva (também ou principalmente jurisdicional) daquele direito subjectivo fundamental.

2. O direito à protecção jurisdicional efectiva

Como vimos no estudo do direito constitucional do ambiente, o principal interesse prático em prever um direito subjectivo ao ambiente relaciona-se com a possibilidade de os cidadãos terem assim abertas as portas dos tribunais, para reclamar a tutela do ambiente quando tal direito seja violado por outros particulares ou por entes e organismos públicos. Daí ser imprescindível articular o direito fundamental ao ambiente com o *direito à tutela jurisdicional efectiva,* também previsto e atribuído pela CRP.

No n° 1 do artigo 20° da CRP garante-se a todos "o acesso ao direito e aos tribunais para defesa dos seus direitos e interesses legalmente protegidos", sendo esta garantia que é usualmente designada como "direito à protecção jurisdicional efectiva".

É inegável a extrema importância que este princípio assume num Estado de Direito, ao assegurar a tutela de todas as posições jurídicas subjectivas dos cidadãos em tribunal[1]. Estamos aqui, com efeito, perante uma autêntica "cláusula geral de acesso ao direito e aos tribunais", tendente a garantir a "inexistência de zonas isentas de garantia de uma decisão jurisdicional"[2].

Este direito/princípio assume um alcance específico de maior relevo quanto aos direitos fundamentais[3], como é o caso do direito a um ambiente sadio e ecologicamente equilibrado. A sua protecção jurídica deve por isso ser também largamente actuada através do direito processual. Marca-se assim o entendimento do princípio de acesso à justiça como meio por excelência de defesa dos direitos fundamentais.

O princípio geral da protecção jurisdicional efectiva é também consagrado pela CRP ao nível da justiça administrativa nos n°s 4 e 5 do seu artigo 268°. A redacção do n° 4 tem sido sucessivamente alterada nas diversas revisões constitucionais, prevendo actualmente que "É garantido aos administrados tutela jurisdicional efectiva dos seus direitos ou interesses legalmente protegidos", o que representa uma garantia constitucional de acesso à justiça administrativa bastante alargada.

Também o direito de acesso à justiça administrativa, em geral, e o direito à impugnação de actos administrativos, em especial, desempenham um papel destacado como meios de defesa jurisdicional dos direitos fundamentais. Assim,

---

[1] Daí que GOMES CANOTILHO e VITAL MOREIRA considerem a norma do artigo 20.º da CRP "uma norma-princípio estruturante do Estado de Direito democrático" – cfr. *Constituição da República Portuguesa Anotada,* Coimbra Editora, 4.ª edição revista, 2007, vol. I, p. 409.

[2] COLAÇO ANTUNES, *A Tutela dos Interesses Difusos em Direito Administrativo: Para Uma Legitimação Procedimental,* Almedina, Coimbra, 1989, p. 197 e seg.

[3] Seguindo novamente GOMES CANOTILHO e VITAL MOREIRA (*ob. cit.*, p. 408): "O direito de acesso ao direito e à tutela jurisdicional efectiva (n.º 1 e epígrafe) é, ele mesmo, um direito fundamental constituindo uma garantia imprescindível da protecção de direitos fundamentais, sendo, por isso, inerente à ideia de Estado de direito".

no nosso Estado Social de Direito todas as actuações estaduais que possam pôr em causa os direitos e interesses dos cidadãos ou provocar lesões para o interesse público e violações da legalidade podem ser controladas pelos tribunais.

Em face destes preceitos pode afirmar-se que existe um direito fundamental dos administrados a uma protecção jurisdicional efectiva, direito este análogo aos "direitos, liberdades e garantias"[4].

Concluímos que o princípio da protecção jurisdicional efectiva e a sua configuração no campo da justiça administrativa se apresentam não só dotados de uma particular força normativa jurídico-constitucional como devem assumir especial validade em matéria de direitos fundamentais. Quando estiverem em causa direitos desta natureza, os tribunais deverão poder efectuar, senão um controlo pleno da actividade administrativa, pelo menos um controlo muito mais amplo do que o tradicional contencioso de mera anulação – o qual desapareceu entretando do nosso ordenamento jurídico, existindo agora, no seu lugar, a "acção administrativa especial", na modalidade específica de "impugnação de actos".

No que respeita em especial ao ambiente, sempre que um ou mais cidadãos se sintam lesados *no(s) seus) direito(s) ao ambiente* eles têm a possibilidade de aceder aos tribunais (comuns ou administrativos, consoante a natureza privada ou pública do autor da infracção e a condição em que actua) para reclamarem a protecção desse seu direito fundamental.

3. **A protecção jurisdicional efectiva e o ambiente – o direito de acção popular**

Em face dos mecanismos constitucionalmente previstos da acção popular [no artigo 52°, n° 3, al. *a)*], pode afirmar-se que a protecção jurisdicional do ambiente e da qualidade de vida possui, em face da Constituição, de um meio suplementar de tutela relativamente a outros direitos e interesses legítimos dos cidadãos que possam ser lesados por condutas (ilegais) da Administração Pública ou de outros particulares.

A defesa de interesses difusos parece ser o objecto privilegiado do preceito, que alude expressamente aos casos da saúde pública, da qualidade de vida e da preservação do ambiente e do património cultural, abrindo a possibilidade de se permitirem formas de tutela colectiva destes bens, uma vez que se trata de um direito de exercício individual ou colectivo.

---

[4] Como veremos (cfr. *infra*, VII, 3.) este direito foi amplamente recebido pela Reforma do contencioso administrativo, nomeadamente por intermédio do artigo 2.º do CPTA, existindo hoje, neste âmbito, uma panóplia de formas processuais principais e cautelares que permitem uma maior efectividade na defesa jurisdicional administrativa dos direitos fundamentais, como é o caso do direito ao ambiente.

A legitimidade para aceder ao contencioso administrativo (anulatório) é, em regra, aferida através da titularidade de um interesse directo e pessoal na anulação do acto. No campo do ambiente dispomos de uma disposição directamente dirigida a alargar a legitimidade processual: o nº 3 do artigo 52º da CRP permite afirmar que a legitimidade processual activa dos cidadãos não está aqui dependente da prova – nem sequer da invocação! – de um qualquer interesse diferenciado ou qualificado do cidadão na matéria, fazendo ruir o requisito clássico do interesse directo e pessoal.

O direito de acção do lado do seu sujeito activo – isto é, a possibilidade de um cidadão ou de uma associação recorrer a tribunal para solicitar protecção jurídica – é universalizado por esta disposição, aparecendo a figura em causa como um instrumento particularmente apto para reagir contra os flagelos ambientais.

VI. DIREITO ADMINISTRATIVO DO AMBIENTE – ENQUADRAMENTO

1. Relações entre a tutela ambiental e o direito administrativo – remissão

Como vimos a propósito da análise do papel do direito público na tutela jurídica do ambiente (cfr. *supra*, III), o direito administrativo ocupa aqui a posição de maior protagonismo. Na verdade – e mesmo considerando que o direito do ambiente alcançou já o legítimo estatuto de disciplina jurídica autónoma –, é sobretudo através dos meios e instrumentos do direito administrativo clássico (naturalmente, com as devidas adaptações e transformações) que se regulam normativamente os comportamentos relativos ao ambiente.

Para aprofundar a análise já feita dessas relações cumpre aludir ao contacto muito próximo que a tutela do ambiente e a organização e o funcionamento da Administração Pública mantêm. A esse contacto dos debruçaremos de seguida.

2. O direito do ambiente e a Administração Pública

A Administração Pública é, sem sombra de dúvida, o principal "actor" na defesa e incentivo do ambiente, estando a maior ou menor deterioração deste muito ligada à real importância que assuma nas políticas daquela.

Como já vimos, a própria Constituição estabelece, no seu artigo 9°, como "tarefas fundamentais do Estado" as de "Promover o bem-estar e a qualidade de vida do povo (...), bem como a efectivação dos direitos (...) ambientais (...)" [al. *d)*] e "Proteger e valorizar o património cultural do povo português, defender a natureza e o ambiente, preservar os recursos naturais e assegurar um correcto ordenamento do território" [al. *e)*].

Deve assinalar-se também que, ainda em função do disposto na Constituição (n° 2 do artigo 66°), parte da doutrina considera que o direito ao ambiente é um direito fundamental organizatoriamente dependente, na medida em que para ele se tornar efectivo depende de uma dada organização, concretamente daquela constituída pela Administração Pública portuguesa.

O ambiente determina, talvez como poucos domínios, a necessidade de uma actuação concertada dos diversos sectores da Administração Pública, de acordo com o princípio da cooperação.

O *princípio da cooperação* está consagrado na al. *e)* do artigo 3° da LBA com o sentido de cooperação internacional – ou seja, traduzindo a ideia de que a protecção do ambiente não é tarefa apenas de um Estado, reclamando a busca de soluções ao nível internacional. Tal acepção, no entanto, não assume relevo directo para a perspectiva pela qual a cooperação é aqui encarada.

De realçar também o *princípio da unidade de gestão e acção* o qual, como dispõe a al. *d)* do artigo 3° da LBA, aponta para a necessidade de "existir um órgão nacional responsável pela política de ambiente e ordenamento do territó-rio que normalize e informe a actividade dos agentes públicos ou privados interventores, como forma de garantir a integração da problemática do ambiente, do ordenamento do território e do planeamento económico, quer ao nível glo-bal, quer sectorial (…)".

Na medida em que compete ao Governo, ainda de acordo com a LBA (artigo 37°), a condução de uma política global nos domínios do ambiente e da qualidade de vida, naturalmente que esse órgão nacional que assegura a unida-de de gestão e acção é o Ministério do Ambiente, do Ordenamento do Territó-rio e do Desenvolvimento Regional. Aliás, de há vários anos a esta parte que se assiste, em inúmeros países, à criação ao nível governamental dos ministérios do ambiente, cuja importância tem vindo a aumentar até ao ponto de se afirmar hoje com insistência que "os ministérios do ambiente parecem empenhados em ditar a sua lei a todos os outros"[1].

Não apenas, contudo, ao nível governamental: para atingir o objectivo cada vez mais central do desenvolvimento sustentável torna-se necessária uma distribuição horizontal de tarefas pelas instituições locais, regionais e nacio-nais. Ou seja: é absolutamente imperioso que toda a estrutura organizatória da Administração Pública se deixe invadir pelas preocupações de defesa do am-biente, criando e/ou desenvolvendo as necessárias componentes orgânicas e funcionais. E quando aludimos a *toda a estrutura organizatória da Administra-ção Pública* pretendemos aí incluir não apenas a "administração central do Estado", chefiada pelo Governo, mas também a "administração estadual indi-recta" (constituída pelos institutos e empresas públicas) e ainda a "administra-ção autónoma territorial", seja ao nível regional (regiões autónomas dos Açores e da Madeira), seja ao nível autárquico (autarquias locais, a quem a LBA atribui papel relevante na matéria).

---

[1] Cfr. o artigo de Isabel Salema no Jornal *O Público* de 29.01.93, a propósito de um "dossier" do Ministro do Ambiente ["onde se apresentam as propostas para a adopção em Portugal das Conclusões da Conferência das Nações Unidas para o Ambiente e Desenvolvimento (CNUAD) que teve lugar no Rio de Janeiro de 3 a 14 de Junho de 1992"]. Sobre o tema veja-se o "relatório síntese" do Ministério do Ambiente e Recursos Naturais, *Síntese Estratégica – Aspec-tos mais relevantes para o seguimento em Portugal das conclusões da* cnuad, Lisboa, 1993.

O nosso legislador não tem estado desatento a esta realidade: não apenas a Lei Orgânica mas o próprio nome do Ministério do Ambiente têm sido alterados nos sucessivos governos constitucionais[2], mudanças que se têm reflectido também nas suas atribuições. Os diversos órgãos, serviços e departamentos que o compõem têm sido também constantemente tratados pelo legislador, com a sua frequente reestruturação e adaptação a novas exigências.

Tudo também porque (como se reconhecia expressamente no Decreto-Lei nº 230/97, de 30 de Agosto de 1997, que reviu a Lei Orgânica do Ministério do Ambiente e que foi posteriormente revogado pelo Decreto-Lei nº 120/2000, de 4 de Julho, que aprovou a orgânica do Ministério do Ambiente e do Ordenamento do Território e que também já foi revogado) "As responsabilidades do Estado na protecção do ambiente e na gestão dos recursos têm aumentado significativamente em resultado do quadro normativo crescente, mas também porque existe uma procura social, não satisfeita, de bens e serviços do ambiente a que o sector privado ainda não está em condições de responder inteiramente".

Pretende-se agora, de forma clara, obter a integração e articulação entre as políticas de ambiente e de ordenamento do território, na linha do princípio da unidade de gestão e acção (como vimos, expressamente consagrado na al. *d)* do artigo 3º da LBA), o qual aponta para a existência de um órgão nacional responsável por aquelas duas políticas[3].

Para além da Lei Orgânica do Ministério do Ambiente, do Ordenamento do Território e do Desenvolvimento Regional (MAOTDR)[4], tem sido publicada numerosa legislação que cria e disciplina novos entes e organismos administrativos com responsabilidades directas ou indirectas na área do ambiente[5].

---

[2] O Ministério do Ambiente tem conhecido mudanças constantes de nomenclatura desde que passou a figurar como Ministério, no XII Governo Constitucional (com o nome originário de *Ministério do Ambiente e Recursos Naturais*): no XIII Governo Constitucional passou a ser apenas *Ministério do Ambiente*; no XIV Governo Constitucional converteu-se em *Ministério do Ambiente e do Ordenamento do Território*; no XV Governo Constitucional sofreu nova alteração, com a criação do *Ministério das Cidades, Ordenamento do Território e Ambiente*; no XVI Governo Constitucional regressou-se à nomenclatura *Ministério do Ambiente e do Ordenamento do Território*; hoje em dia, no XVII Governo Constitucional, os destinos do ambiente são comandados, ao nível da administração estadual, pelo *Ministério do Ambiente, do Ordenamento do Território e do Desenvolvimento Regional*.

[3] Foi recentemente aprovado – por intermédio da Lei nº 58/2007, de 4 de Setembro de 2007 – o Programa Nacional da Política do Ordenamento do Território (PNPOT), com importância significativa ao nível do desenvolvimento sustentado, traduzindo a necessária e aludida articulação entre as políticas de ambiente e de ordenamento do território.

[4] A Lei Orgânica do Ministério do Ambiente, do Ordenamento do Território e do Desenvolvimento Regional foi aprovada pelo Decreto-Lei n.º 207/2006, de 27 de Outubro.

[5] A indicação dos diplomas legais e regulamentares mais recentes em matéria de "organização administrativa do ambiente" pode ser vista em JOSÉ EDUARDO DIAS/JOANA PEREIRA MENDES, *Legislação Ambiental – Sistematizada e Comentada*, Coimbra Editora, 5ª ed., 2006, p. 165-170.

A multiplicidade destas entidades mostra bem a importância e amplitude que a gestão ambiental assume nos nossos dias ao nível da Administração Pública portuguesa.

Seguindo o esquema normalmente utilizado na "arrumação" da organização administrativa portuguesa, pode dizer-se que todos os sectores de tal organização têm hoje atribuições e competências na área do ambiente[6].

Ao nível da *administração estadual directa central* (ministérios ou órgãos na directa dependência hierárquica do Governo, com competências extensivas a todo o território nacional) vamos encontrar, além do Ministério do Ambiente, do Ordenamento do Território e do Desenvolvimento Regional, uma série de órgãos na sua *dependência directa* ou *hierárquica*. Entre os órgãos com competências em sede ambiental cumpre destacar:

– O *Departamento de Prospectiva e Planeamento e Relações Internacionais* (previsto na alínea a) do n.º 1 do artigo 4.º e disciplinado no artigo 10.º, ambos da nova Lei Orgânica[7]) que, de acordo com a al. b) do n.º 2 do artigo 29.º, passa a integrar as competências até aqui pertencentes ao Departamento de Prospectiva e Planeamento, ao Gabinete de Estudos e ao Gabinete de Relações Internacionais e que, no fundo, corresponde a uma Direcção-Geral;

– A *Secretaria-Geral* (cf. al. c) do n.º 1 do artigo 4.º e artigo 12.º), que tem por missão "assegurar o apoio técnico e administrativo aos gabinetes dos membros do Governo integrados no MAOTDR e aos demais órgãos e serviços nele integrados" (n.º 1 do artigo 12.º);

– A *Agência Portuguesa do Ambiente* (al. d) do n.º 1 do artigo 4.º e artigo 13.º): uma das principais novidades da nova Lei Orgânica passou pela criação desta Agência, que nos surge como um organismo de extrema importância, como resultado do enorme leque de "atribuições" que lhe são adstritas (cf. n.º 2 do artigo 13.º).

A Agência Portuguesa do Ambiente (abreviadamente APA) recebe as atribuições até aqui pertencentes ao Instituto do Ambiente o qual, por sua vez, já havia sucedido (e resultado da agregação) do IPAMB (Instituto de Promoção Ambiental) e da Direcção-Geral do Ambiente; e ao Instituto dos Resíduos, também ele extinto (tudo de acordo com a al. a) do n.º 2 do artigo 29.º).

---

[6] Sobre a organização administrativa do ambiente cfr. ANTÓNIO LORENA DE SÈVES/JOSÉ TAVARES, "Organização administrativa e ambiente. A organização administrativa portuguesa actual no domínio do ambiente", *Revista Jurídica do Urbanismo e do Ambiente*, n° 1, Junho 1994, p. 67-93. Note-se, em todo o caso, que este texto está hoje muito desactualizado em face das profundas alterações entretanto ocorridas na organização administrativa portuguesa, principalmente ao nível da administração estadual.

[7] Todas as referências a artigos sem indicação do diploma a que pertencem referem-se ao Decreto-Lei n.º 207/2006, de 27 de Outubro, que aprovou a Lei Orgânica do Ministério do Ambiente, do Ordenamento do Território e do Desenvolvimento Regional.

A APA pertence agora à administração estadual directa (e não à indirecta, como acontecia com o Instituto do Ambiente, dotado de personalidade jurídica própria), sendo dirigida por um director-geral[8].

Ainda no âmbito da *administração estadual directa central* encontramos órgãos com *funções de controlo* (a Inspecção-Geral do Ambiente e do Ordenamento do Território, serviço central de controlo, auditoria e fiscalização) e *órgãos consultivos* (o Conselho Nacional da Água, o Conselho Nacional do Ambiente e do Desenvolvimento Sustentável e a Comissão de Acompanhamento da Gestão de Resíduos).

No que respeita à *administração estadual directa periférica* (órgãos e serviços dependentes do Ministro, mas com competências territoriais delimitadas) vamos encontrar as Comissões de Coordenação e Desenvolvimento Regional (CCDR), em número de cinco: do Norte, do Centro, de Lisboa e Vale do Tejo, do Alentejo e do Algarve.

A tarefa de protecção ambiental deve ser perspectivada como uma tarefa horizontal, a ser prosseguida pelos diversos estratos da administração pública, o que explica a existência de diversos entes com atribuições no domínio ambiental, fora do âmbito da pessoa colectiva Estado.

No âmbito da *administração estadual indirecta*, apesar da extinção do Instituto do Ambiente e do Instituto dos Resíduos, aparecem-nos ainda diversos institutos:

- O *Instituto da Água*, I. P. (al. *a)* do n.º 1 do artigo 5.º e artigo 17.º), que é dirigido por um presidente e desempenha as funções de Autoridade Nacional da Água, com inúmeras atribuições neste domínio[9];
- O *Instituto da Conservação da Natureza e da Biodiversidade*, I. P. (al. *b)* do n.º 1 do artigo 5.º e artigo 18.º), agora conhecido sob a sigla ICNB, com atribuições ao nível da execução das políticas de conservação da natureza e da biodiversidade, da gestão das áreas protegidas e do reconhecimento público do património natural. Destaca-se assim a sua reestruturação (al. *a)* do n.º 3 do artigo 29.º), passando a incluir nas suas atribuições a protecção da biodiversidade;
- O *Instituto da Habitação e da Reabilitação Urbana* (al. *c)* do n.º 1 do artigo 5.º e artigo 19.º), o qual tem atribuições também em sede de valorização do património, absorvendo as competências até aqui adstritas à Direcção-Geral dos Edifícios e Monumentos Nacionais (al. *d)* do n.º 2 do artigo 29.º);

---

[8] Podem ser colhidas várias informações sobre a orgânica, o funcionamento e as actividades da APA no seu sítio na Internet, o qual mantém por ora a sigla do Instituto do Ambiente: cfr. www.iambiente.pt.

[9] Note-se, em todo o caso, que a lei dispõe estar este Instituto dotado apenas de autonomia administrativa (n.º 3 do artigo 17.º) o que não deixa de se estranhar, uma vez que estamos na presença de um *instituto público*, expressamente inserido pelo mesmo legislador na administração indirecta do Estado.

– A *Entidade Reguladora dos Serviços das Águas e dos Resíduos*, I. P., que foi criada por este diploma legal e está regulada na al. *e)* do n.º 1 do artigo 5.º e no artigo 21.º. Esta entidade (abreviadamente ERSAR, I.P.) tem por missão a regulação dos sectores dos serviços de água, saneamento básico e resíduos e sucede ao Instituto Regulador das Águas e dos Resíduos.

– Por último, devem mencionar-se hoje, ainda no âmbito da administração indirecta do Estado, os serviços periféricos constituídos pelas *Administrações de Regiões Hidrográficas* (criadas pela Lei n.º 58/2005, de 28 de Dezembro – Lei da Água), num total de cinco (do Norte, do Centro, do Tejo, do Alentejo e do Algarve), as quais actuam também sob a superintendência e tutela do Ministro do Ambiente, do Ordenamento do Território e do Desenvolvimento Regional.

Ainda sobre a administração estadual indirecta deve chamar-se a atenção para o artigo 8.º da mesma lei orgânica, nos termos do qual "a competência relativa à definição das orientações das entidades do sector empresarial do Estado com atribuições nos domínios da requalificação ambiental, da prestação de serviços de abastecimento público de água, de saneamento de águas residuais, da redução, tratamento, valorização e eliminação de resíduos e da reabilitação urbana (…) é exercida pelo membro do Governo responsável pela área do Ambiente, do Ordenamento do Território e do Desenvolvimento Regional".

Diga-se por fim, ainda em relação à administração estadual, que tivemos em conta apenas os entes ou órgãos com atribuições ou competências especificamente ambientais. Não se pode esquecer que é igualmente incumbência do Estado, no domínio ambiental, "promover a integração de objectivos ambientais nas várias políticas de âmbito sectorial" (al. *f)* do n.º 2 do artigo 66.º da Constituição da República)[10].

Daí que nos surjam diversos ministérios, entes e órgãos, com atribuições ou competências nos domínios da *economia*, das *obras públicas*, da *agricultura*, das *pescas*, da *cultura*, do *património*, da *ciência*, etc. que também são convocados, directa ou indirectamente, para a tarefa de protecção ambiental.

---

[10] Como reflexo da concretização dessa *integração de objectivos ambientais nas várias políticas de âmbito sectorial*, temos dois exemplos muito recentes, de documentos e iniciativas públicas de grande relevo. Referimo-nos ao Plano Nacional da Política de Ordenamento do Território, aprovado pela Lei n.º 58/2007, de 4 de Setembro (contendo o *Relatório* e o *Programa de Acção* a ele anexos); e à Estratégia Nacional de Desenvolvimento Sustentável, aprovada (juntamente com o respectivo Plano de Implementação, incluindo os indicadores de monitorização) pela Resolução do Conselho de Ministros n.º 109/2007, de 20 de Agosto.

Sobre a noção de *desenvolvimento sustentável*, a este propósito tão relevante, cfr. www.desenvolvimentosustentavel.pt. De acordo com o Relatório Brundtland, de 1987, considera-se sustentável o desenvolvimento que atende às necessidades presentes sem comprometer a possibilidade de as gerações futuras satisfazerem as suas próprias necessidades.

Ao nível da administração estadual directa central destacaríamos os seguintes ministérios: da Economia e da Inovação; da Agricultura, do Desenvolvimento Rural e das Pescas; das Obras Públicas, Transportes e Comunicações; da Cultura; e, por último, o da Ciência, Tecnologia e Ensino Superior.

No âmbito da administração estadual indirecta merecem referência, entre muitos outros, o IPPAR (Instituto Português do Património Arquitectónico) e o IPA (Instituto Português de Arqueologia), ambos sob a superintendência do Ministro da Cultura; o Instituto de Meteorologia, sob a orientação do Ministro da Ciência, Tecnologia e Ensino Superior; e o Instituto Nacional de Recursos Biológicos, I. P., sob a alçada do Ministro da Agricultura.

Para terminar, tem de se assinalar que o relevo da *administração autónoma territorial* é enorme nesta área: tanto as regiões autónomas dos Açores e da Madeira (administração autónoma territorial regional) como as autarquias locais (administração autónoma territorial local) têm atribuições de grande destaque na tutela ambiental.

Ao nível das regiões autónomas existem, nos governos de ambas, secretarias regionais com competências na matéria: no Governo Regional dos Açores a Secretaria Regional do Ambiente e do Mar; no Governo Regional da Madeira a Secretaria Regional do Ambiente e Recursos Naturais.

Quanto às autarquias locais, é a própria Constituição a destacar a necessidade de o Estado articular com elas as suas incumbências no domínio ambiental: de acordo com a alínea e) do n.º 2 do artigo 66.º da CRP incumbe ao Estado "Promover, em colaboração com as autarquias locais, a qualidade ambiental das povoações e da vida urbana, designadamente no plano arquitectónico e da protecção das zonas históricas". Daí que apareçam como naturais as inúmeras referências que a LBA e a legislação ambiental dispersa fazem às autarquias locais, face à maior proximidades destes entes com as populações que servem[11].

Aliás, a este nível merece destaque a tentativa de execução, ao nível do *planeamento estratégico local*, da denominada "Agenda Local XXI", relativa ao desenvolvimento sustentável[12]. A Agenda XXI Local (A21L) – que resulta da Carta de Aalborg, elaborada aquando da realização da Convenção de Aalborg – consiste num processo participativo, de cariz voluntário, através do qual se procura o consenso entre as autoridades locais e os diversos parceiros

---

[11] A nova Lei das Finanças Locais, Lei nº 2/2007, de 15 de Janeiro, concede novas atribuições e competências aos municípios e freguesias no âmbito da promoção da sustentabilidade local, designadamente, através da possibilidade de criação de taxas, orientadas para a promoção de finalidades sociais, urbanísticas e ambientais (cfr. artigo 6º, nº2, alínea *d*)).

[12] Sobre ela, cfr. Luísa Schmidt/Joaquim Gil Nave/João Guerra, *Autarquias e Desenvolvimento Sustentável – Agenda 21 Local e novas estratégias ambientais*, Ed. Fronteira do Caos, 2005.

da sociedade civil, com o objectivo de preparar e implementar um Plano de Acção de longo prazo dirigido aos problemas e prioridades locais, no qual se integrem as preocupações de protecção ambiental, de prosperidade económica e de equidade social da comunidade[13].

---

[13] Cfr. www.agenda21local.info, onde se pode ver a definição apresentada pelo *International Council for Local Environmental Iniciatives* (ICLEI), segundo o qual esta Agenda é "um processo participativo, multi-sectorial, que visa atingir os objectivos da Agenda 21 ao nível local, através da preparação e implementação de um Plano de Acção estratégico de longo prazo dirigido às prioridades locais para o desenvolvimento sustentável".

VII. INSTRUMENTOS JURÍDICO-ADMINISTRATIVOS DE TUTELA DO AMBIENTE

1. O acto administrativo

1.1. *Noção e importância*

O acto administrativo sempre foi o principal acto jurídico da Administração Pública. Todo o sistema de administração executiva (no qual Portugal se inclui) foi juridicamente concebido a partir do acto administrativo, figura que reflecte os poderes de supremacia e autoridade da Administração.

Ainda hoje é ele a principal forma de actuação jurídica da Administração Pública, tudo indicando que o acto administrativo não perca essa posição de protagonismo nos próximos anos, apesar do papel de maior destaque que outras formas de actuação da Administração (designadamente o contrato administrativo) têm vindo a desempenhar[1].

O acto administrativo pode ser definido como a "estatuição autoritária, relativa a um caso individual, praticada por um sujeito de direito administrativo, no uso de poderes de direito administrativo, destinada a produzir efeitos jurídicos externos" (ROGÉRIO SOARES)[2]; ou como o "acto jurídico unilateral praticado, no exercício do poder administrativo, por um órgão da Administração ou por outra entidade pública ou privada para tal habilitada por lei, e que traduz uma decisão tendente a produzir efeitos jurídicos sobre uma situação individual e concreta" (FREITAS DO AMARAL)[3]. Nos termos do CPA esta noção inclui todas as "decisões dos órgãos da Administração que ao abrigo de normas de direito público visem produzir efeitos jurídicos numa situação individual e concreta" (artigo 120°).

---

[1] Sobre a manutenção da importância do acto administrativo nos dias de hoje cfr. VIEIRA DE ANDRADE, "Algumas reflexões a propósito da sobrevivência do conceito de acto administrativo no nosso tempo", in: *Estudos em Homenagem ao Prnf Doutor Rogério Soares,* Coimbra Editora, 2001, p. 1189-1220.

[2] Cfr. *Direito Administrativo,* lições policop., Coimbra, 1978, p. 76.

[3] Cfr. *Curso de Direito Administrativo,* Almedina, Lisboa, 2001, vol. II, p. 210.

Mais importante do que nos fixarmos ou prendermos a uma definição rígida de acto administrativo é destacar o relevo muito particular das notas de *autoridade* e de *individualidade e concretude:* sempre que a Administração Pública exerça um poder administrativo (autoritário) para um caso concreto estaremos perante um acto administrativo.

Apesar de o direito do ambiente ir criando os seus instrumentos próprios (é o que já se passa com a Avaliação de Impacte Ambiental), os instrumentos do direito administrativo desempenham aqui um papel especial. E uma vez que o direito administrativo assume posição de protagonismo na regulamentação jurídica do ambiente e que o acto administrativo é o principal acto jurídico da Administração Pública, não seriam necessários mais desenvolvimentos para demonstrar a importância do acto administrativo para a tutela jurídica ambiental[4].

1.2. *Funções do acto administrativo*

Devido a este seu protagonismo, é óbvio que o acto administrativo desempenha diversas funções, de grande interesse teórico e prático, no âmbito das relações jurídicas administrativas. Entre elas poderemos salientar as funções:

- definitória: o acto administrativo define autoritariamente relações jurídicas, criando, modificando ou extinguindo situações jurídicas tuteladas pelo direito administrativo;
- tituladora: o acto administrativo é um título, ao qual se liga a produção de efeitos jurídicos específicos, sendo de destacar a sua força executiva ou eficácia auto-titulante, nos termos da qual o acto administrativo pode basear uma execução, sem dependência de qualquer outra pronúncia;
- procedimental: o acto administrativo surge como o momento principal do procedimento para a sua prática e como face visível de toda a tramitação desenvolvida pela Administração em colaboração com os particulares, com vista à tomada de uma decisão jurídica num caso concreto; o facto de surgir no contexto de um procedimento administrativo obriga a Administração a cumprir uma série de regras, trâmites e formalidades, adoptados de acordo com uma sequência racional;
- *processual*: tradicionalmente seria esta, sem dúvida, a mais importante função do acto administrativo, uma vez que este acto se associava ao

---

[4] Sobre a importância do acto administrativo ao nível do ambiente (isto é, sobre toda a matéria deste ponto VII 1.), cfr. Freitas do Amaral, "Análise Preliminar da Lei de Bases do Ambiente", in *Textos - Ambiente,* CEJ, 1994, p. 245-258 (especialmente p. 253 e segs.); Simões Redinha, "Direito Administrativo do Ambiente", in *Textos - Ambiente,* CEJ, 1994, p. 349-363; e Borja-Cardelús y Munoz Seca, "Técnicas jurídicas para la protección del medio ambiente", *Documentación Administrativa,* n° 197, Janeiro-Março 1983, p. 5-43.

meio contencioso fundamental que corria nos tribunais administrativos
– o *recurso contencioso de anulação*. Todavia, este meio já não existe
no nosso direito positivo, tendo surgido no seu lugar a *acção administrativa especial* na qual podem ser formulados vários pedidos, com
destaque para os de *anulação de acto administrativo* ou *declaração da
sua nulidade* ou inexistência jurídica. Na prática, cada um dos pedidos
formulados na acção administrativa especial corresponde a um processo
autónomo, seguindo neste caso a variante de *impugnação de actos administrativos*. Continuará esta a ser a principal forma de processo nos
tribunais administrativos nacionais sendo imperioso, como é lógico, que
estejamos perante um acto administrativo para a poder utilizar – eventualmente em cumulação com a mais relevante providência cautelar
prevista no CPTA, a suspensão de eficácia de um acto administrativo.

1.3. *Os actos administrativos e o ambiente – alguns exemplos*

São muito numerosos e de recorte muito diferenciado os actos administrativos que podem ser praticados pela Administração Pública com relevo directo
ou indirecto no ambiente.

De forma meramente exemplificativa, mencionaremos alguns que nos parecem de maior destaque:

– actos de controlo ou fiscalização preventivo: as autorizações e as licenças (e, em parte, as concessões) são o arquétipo da intervenção preventiva da Administração Pública no campo ambiental, já que se controla
  com carácter prévio a actuação do particular;
– declarações com efeitos jurídicos específicos: de domínio público (pres-
  supondo-se que com a dominialização do bem se conseguirá um maior
  controlo sobre ele) e de atribuição de regimes jurídicos especiais a certos bens; é isso que se passa com o já mencionado acto de *classificação
  de bens culturais* (artigos 14° e segs. da Lei n°107/2001 – protecção e
  valorização do património cultural), pelo qual se classificam os bens
  imóveis como *monumento, conjunto ou sítio* e os bens móveis, entre
  outras categorias, como pertencendo ao *património arqueológico,
  arquivístico, áudio-visual, bibliográfico, fonográfico ou fotográfico*, podendo ainda uns e outros ser classificados como de *interesse nacional,*
  de *interesse público* ou de *interesse municipal;*
– proibições;
– actos administrativos de "estímulo" (subvenções, créditos especiais,
  isenções e outros benefícios fiscais);
– actos sancionatórios: nos termos do artigo 47° da LBA e da Lei Quadro
  das contra-ordenações ambientais (Lei n.º 50/2006, de 29 de Agosto) a
  coima (sanção típica do ilícito de mera ordenação social) deve ser consi-

derada a sanção-regra no direito do ambiente, devendo chamar-se a
atenção para a grande importância das sanções acessórias previstas nos
artigos 29.º e segs. daquela Lei, designadamente a interdição do exercício de profissões ou actividades e a cessação (revogação) de licenças ou
autorizações.

Não se deve, no entanto, finalizar esta referência a alguns exemplos de
actos administrativos com efeitos ao nível do ambiente sem fazer uma chamada
de atenção: é que a Administração não surge apenas como defensora e promo-
tora do ambiente; quer na sua actuação directa quer na indirecta ela aparece
também como potencialmente agressora do ambiente, o que pode acontecer por
omissão (de fiscalizações, embargos ou sanções), mas também (e principalmente) quando pratica actos administrativos ilegais (licenciamento contra lei
expressa; omissão da AIA ou da audiência prévia dos interessados; realização
de obras públicas).

1.4. *O caso especial das autorizações*

De entre os actos administrativos com efeitos no ambiente, os actos provavelmente mais significativos, devido à sua enorme utilização, à influência que
têm no desenvolvimento económico do país e às suas profundas repercussões
em direitos e interesses tão diversificados (desenvolvimento económico, criação de postos de trabalho, ambiente, ordenamento do território, etc.) são os
actos autorizativos ou licenciadores (que designaremos, genericamente, por
autorizações).

As autorizações surgem em virtude do estabelecimento de limitações legais ao livre desenvolvimento de actividades dos particulares, limitações essas
que podem ser retiradas pela Administração em relação aos casos concretos
sujeitos à sua apreciação.

Os actos autorizativos têm sofrido profundas modificações, devido à necessidade da sua adaptação às novas realidades e aos seus profundos efeitos em
interesses e direitos como os ambientais. Nos últimos anos têm-se multiplicado
as críticas a um sistema de mero controlo inicial, reclamando-se em inúmeros
sectores a necessidade de um controlo permanente – uma vez que as autorizações "de abertura" não esgotam a sua eficácia com a simples construção das
instalações. Outra das questões que tem implicado modificações profundas na
configuração e regime das autorizações é a da mutabilidade dos critérios técnicos que determinam a impossibilidade de uma compreensão estática da figura[5].

---

[5] Em todo o regime da *prevenção e controlo integrados da poluição,* consagrado no Decreto-
Lei n° 194/2000, de 21 de Agosto, está presente esta impossibilidade de compreender as autorizações de forma estática e as necessidade de as adaptar constantemente à evolução das *melhores
tecnologias disponíveis;* sobre este regime nos debruçaremos desenvolvidamente *infra,* VIII, 2.

Daí que seja cada vez mais frequente a exigência de uma actividade periódica e regular de fiscalização, para averiguar se as actividades e os estabelecimentos se mantêm dentro das normas ambientais impostas. É isso que acontece, actualmente, por exemplo ao nível do exercício da actividade industrial (cfr. o artigo 17° do Decreto-Lei n° 69/2003 e o artigo 33° do Decreto-Lei n° 194/ 2000), onde a colaboração dos próprios industriais é cada vez mais significativa, nomeadamente através da realização de monitorizações e auditorias ao seu próprio funcionamento.

A própria configuração e força jurídica das autorizações tem sofrido alterações, em boa medida devidas à influência dos valores ambientais, apresentando-se hoje como cada vez mais comuns as *autorizações provisórias* e as *parciais*. Figura que não deixa de levantar alguns problemas e dificuldades, nomeadamente devidos à precariedade dos direitos dos seus beneficiários, mas que já encontrou uma ampla consagração legal na Alemanha: as leis alemãs sobre emissão de poluentes *(Bundes-Imissionschutzgesetz,* de 15-3-1974, com alterações posteriores) e sobre resíduos *(Abfallgesetz,* de 27-8-1986, com alterações posteriores) admitem, de forma expressa, que se imponham (supervenientemente) cláusulas alteradoras da autorização, o que vai limitar a estabilidade do respectivo acto autorizativo[6].

1.5. *Relações com o procedimento administrativo*

O acto administrativo é sempre praticado no âmbito de um procedimento administrativo desencadeado – por iniciativa dos interessados ou da própria Administração – com vista à sua prática. Como tal, para que o acto seja válido é necessário, para além do cumprimento das exigências substanciais e formais, que ele obedeça aos diversos trâmites procedimentais previstos na lei: é imprescindível uma correcta tramitação e "formalização" do acto administrativo.

No entanto, a matéria do procedimento administrativo vai ser objecto de tratamento autónomo *(infra,* 2.), razão pela qual nos bastamos por agora com esta referência.

1.6. *Novo entendimento do acto administrativo no contexto das relações jurídicas multipolares ou poligonais*

O ambiente tem sido um dos elementos que tem suscitado uma revisão do acto administrativo no contexto das relações jurídicas que a seu respeito se

---

[6] Sobre esta matéria cfr. o nosso "A Estabilidade Jurídica da Autorização Administrativa no Direito do Ambiente Alemão", in: *Livro de Homenagem ao Prof. Doutor Henrique Mesquita*, Coimbra, em vias de publicação.

estabelecem entre os diferentes sujeitos. E essa revisão tem sido no sentido de demonstrar a insuficiência do esquema bilateral clássico da relação jurídica surgida em virtude de um acto administrativo: considerava-se que este se limitava a definir autoritariamente uma relação entre o sujeito administrativo autor do acto e o(s) sujeito(s) seu(s) destinatário(s) directo(s), não tendo em conta os interesses pluri-individuais eventualmente "tocados" por tal acto; as relações surgidas entre os particulares e a Administração em virtude da prática de um acto administrativo eram, assim, compreendidas através de um mero esquema referencial interesse público/interesse privado (cfr. **figura 1**).

CONFIGURAÇÃO CLÁSSICA DO ACTO ADMINISTRATIVO
– ESQUEMA REFERENCIAL BINÁRIO –
(ESQUEMA BILATERAL CLÁSSICO)

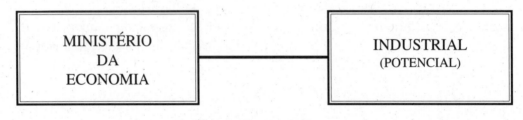

Figura 1

De há vários anos a esta parte assiste-se a uma mudança de perspectiva: a propósito de muitos actos administrativos considera-se agora a indispensabilidade de se fazer uma composição entre diferentes direitos e interesses que podem ser afectados (de forma favorável ou desfavorável) por um acto, por forma a se obter uma consideração global das situações jurídicas criadas, modificadas ou extinguidas por esse acto. Em muitos casos pode haver verdadeiros direitos (fundamentais) em colisão (v. g. o direito à iniciativa económica privada do empresário, os direitos de propriedade ou a um ambiente sadio dos vizinhos, etc.), bem como (outros) interesses públicos relevantes, que não podem ser postos de lado.

Daí que se fale actualmente, a propósito dos actos administrativos com efeitos múltiplos, em relações jurídicas multipolares, poligonais ou multilaterais, para exprimir os diversos direitos e interesses que podem estar em jogo, tanto do ponto de vista subjectivo (cfr. **figura 2**) como objectivo (cfr. **figura 3**).

RELAÇÃO JURÍDICA POLIGONAL OU MULTIPOLAR
– CARACTERIZAÇÃO SUBJECTIVA –

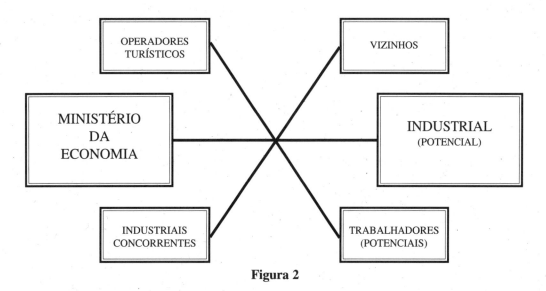

Figura 2

RELAÇÃO JURÍDICA POLIGONAL OU MULTIPOLAR
– CARACTERIZAÇÃO MATERIAL OU SUBSTANCIAL –

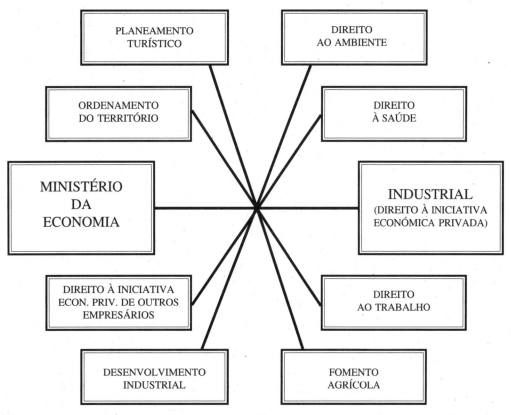

Figura 3

Os litígios jurídico-ambientais que podem surgir à volta dos actos administrativos são hoje muito melindrosos, especialmente nas decisões administrativas de maior complexidade, tais como processos de autorização de grandes unidades industriais ou comerciais, construção de pontes, estradas ou barragens.

A definição doutrinal da relação *jurídica poligonal* ou *multipolar*[7] caracteriza essa relação através do recurso às suas notas típicas:

- elas surgem a propósito da aplicação de leis com formulação ténue e pouco detalhada, que abrem margens de discricionaridade decisória;
- envolvem situações complexas bem como riscos complexos;
- as decisões que as fazem surgir têm normalmente uma relação estreita com conhecimentos técnico-científicos e com elementos de prognose;
- por último, mas em especial, existem nestas relações vários interesses públicos e privados nos diversos pólos da relação, de onde decorre a legitimidade de intervenção de uma pluralidade de interessados no procedimento e no controlo das decisões respectivas.

1.7. Os actos administrativos na LBA

Em face do grande número e importância dos actos administrativos em matéria ambiental, não é de estranhar o facto de a nossa LBA conter previsões normativas cuja aplicação exige a prática de actos administrativos, em relação aos casos concretos que a seu propósito de suscitem. De forma exemplificativa, podem ser referidos os seguintes preceitos:

- artigo 33°: o licenciamento administrativo prévio; as medidas preventivas do licenciamento das actividades potencialmente poluentes; relação com o artigo 27°, n° 1, al. *h)*;
- artigo 34°, n°s 1 e 2: declaração de certas zonas como zonas críticas ou situações de emergência;
- artigo 34°, n° 3: desencadeamento de mecanismos de reacção contra acidentes ecológicos;

---

[7] Sobre a caracterização doutrinal desta figura, desenvolvida sobretudo pela doutrina alemã, cfr., por todos, RUDOLF STEINBERG, "Komplexe Verwaltungsverfahren zwischen Verwaltungseffiziens und Rechtsschutzauftrag", *Die Öffentliche Verwaltung*, 35. Jahrgang, 1982, p. 619 e segs. Entre nós, cfr. GOMES CANOTILHO, "Relações Jurídicas Poligonais, Ponderação Ecológica de Bens e Controlo Judicial Preventivo", *Revista Jurídica do Urbanismo e do Ambiente*, n.° 1, de Junho 1994, p. 55-66 (p. 56-58); e José Eduardo Dias, *Tutela Ambiental e Contencioso Administrativo*, Colecção *Studia Iuridica*, n.° 29, Coimbra Editora, 1997, p. 319-327.

– artigo 35°, n° l: imposição da redução das actividades poluentes através da determinação da redução (diminuição) da laboração ou da suspensão temporária ou definitiva (encerramento), da actividade;
– artigo 36°: transferência de estabelecimentos que afectem o ambiente para outro local;
– artigo 47°, n° 1: aplicação de coimas;
– artigo 47°, n° 3: aplicação de sanções acessórias.

Para além destes preceitos, o facto de a LBA regular os componentes ambientais também conduz à prática de actos administrativos. É isso que se passa devido ao facto de ser estabelecido, como regra, o princípio do licenciamento ou autorização prévia da sua utilização ou das acções com consequências para esses componentes (cfr. artigos 27°, n° 1, al. *h)* e 33°).

Sempre que a Administração realiza qualquer uma destas actividades está a exercer autoritariamente o poder administrativo para uma situação concreta, praticando actos administrativos contenciosamente impugnáveis.

2. O procedimento administrativo

2.1. *A importância do procedimento no direito administrativo actual*

Ao nível do direito administrativo geral, uma das grandes tendências das últimas décadas do século XX foi, sem dúvida, a importância crescente que o procedimento administrativo foi assumindo no contexto da actividade administrativa. Esta tendência traduziu-se numa muito maior atenção ao *iter* ou percurso seguido pelos órgãos administrativos para tomarem as suas decisões, em detrimento do exame das formas pelas quais esses mesmos órgãos actuam. Assim, o estudo do acto administrativo e do regulamento deixou de ser feito apenas em si e por si, para passar a estar sempre inserido no contexto procedimental respectivo.

Como reflexo desta importância foi publicado em Portugal, em 15 de Novembro de 1991, o *primeiro Código de Procedimento Administrativo* da nossa história do direito. Estamos em face de um Código (ainda) recente, o que atesta a importância também recente deste tema.

Uma das tendências mais significativas do procedimento administrativo e que é simultaneamente uma das mais destacadas razões para a sua importância em matéria ambiental tem a ver com a *participação*. Daí a ideia de que o tipo burocrático da administração foi profundamente transformado pela participação: o centro da actividade administrativa já não é tanto o acto mas o *iter* de formação da decisão (sobretudo a instrução, em que são recolhidos os elementos essenciais nos quais a decisão se vai basear).

2.2. *Noção de procedimento administrativo*

De acordo com o artigo 1°, n° 1, do CPA "Entende-se por procedimento administrativo a sucessão ordenada de actos e formalidades tendentes à formação e manifestação da vontade da Administração Pública ou à sua execução".

Esta noção, conjugada com a construção doutrinal de há muito desenvolvida sobre o procedimento, permite mostrar algumas das notas mais importantes do procedimento administrativo[8]:

– *colaboração entre diferentes órgãos e agentes administrativos*: no procedimento colaboram diversos órgãos e agentes administrativos, que podem pertencer a diferentes pessoas colectivas públicas;

– *participação dos particulares* (da sociedade civil, em geral): é um dos aspectos mais significativos do procedimento administrativo, estabelecido como objectivo deste na própria Constituição (n° 5 do artigo 267°) e cumprido com rigor pelo CPA, tanto em sede de princípios gerais da actividade administrativa (cfr. os princípios da *colaboração da Administração com os particulares* e *da participação,* previstos nos artigos 7° e 8°) como em todo o articulado do Código (cfr. especialmente a *audiência dos interessados,* prevista e regulada nos artigos 100° e seguintes);

– *composição de diversos interesses (públicos e privados)*: o procedimento administrativo tem por objectivo e permite fazer a ponderação e composição entre os diversos interesses públicos e privados que, as mais das vezes, estão relacionados com a decisão respectiva, o que é de particular interesse (e dificuldade) a propósito das decisões administrativas mais complexas;

– *tramitação*: permite explicar que a produção dos diversos actos e formalidades envolvidos no procedimento tem que obedecer a uma ordem lógica, a uma ordenação racional, sem a qual a sequência desses momentos perderia o seu sentido;

– *resultado jurídico unitário*: há um resultado único que é sempre o fim, o objectivo de todo o procedimento, explicando a existência de um acto principal (por exemplo o acto administrativo propriamente dito) e de actos subordinados (os actos instrumentais praticados ao longo do procedimento);

– *conjugação de um acto administrativo com vários actos instrumentais*: o procedimento seguido em vista da prática de um acto administrativo culmina com a prática deste último; no entanto, em torno (antes e depois, em termos temporais) do acto principal do procedimento gravita uma série de actos instrumentais que contribuem, de forma mediata, para o mesmo resultado.

---

[8] Sobre esta matéria, cfr. José Eduardo Figueiredo Dias/Fernanda Paula Oliveira, *Noções Fundamentais de Direito Administrativo*, Almedina, Coimbra, reimpressão, 2006, p.175 e segs.

2.3. *Importância ao nível do direito do ambiente*

O facto de o princípio da prevenção ser um dos princípios estruturantes do direito do ambiente permite compreender a importância do procedimento administrativo para a tutela dos bens e interesses ambientais: os trâmites procedimentais (ou, mais exactamente, o seu cumprimento) funcionam como instrumentos preventivos de protecção do ambiente. Daí a ideia de que aquele princípio, ao proclamar a preferência por medidas preventivo-antecipatórias em relação às reactivas, acarreta a preferência da defesa dos bens ambientais em sede procedimental relativamente à instância processual ou judicial.

Esta ideia é acentuada pelo facto de o procedimento administrativo permitir uma *protecção jurídica temporalmente adequada,* ao contrário do que acontece, na maior parte dos casos, com o controlo jurisdicional da actividade administrativa. Na verdade, há uma quase inexistência (e grandes dificuldades em tornar efectivos) de meios processuais ou judiciais de controlo preventivo.

Um direito que pretende colocar o acento tónico na prevenção de atentados aos valores e interesses que defende terá de conceder atenção especial ao procedimento de tomada de decisões por forma a que se assegure que estas não vão ofender tais valores e interesses: se se pretende realmente evitar que ocorram atentados ao ambiente, mais do que desenvolver meios eficazes de tutela jurisdicional importa assegurar que os procedimentos relativos a actos (ou regulamentos, ou contratos) que possam produzir efeitos ambientais nocivos sejam realizados de forma "ambientalménte amiga".

Todas estas ideias levam a doutrina a defender, sem grandes dúvidas, a ideia segundo a qual o procedimento administrativo "é cada vez mais assumido como *due process* para a tutela dos interesses ambientais"[9].

Deve ainda chamar-se a atenção para a existência de procedimentos administrativos especiais, como o da avaliação de impacte ambiental (a qual, em termos procedimentais, pode ser configurada como um sub-procedimento "enxertado" em procedimentos de autorização ou licenciamento).

No que especificamente respeita ao CPA, é também evidente o seu préstimo para a tomada de decisões ambientalmente justas. Basta destacar que entre os seus objectivos prioritários se contam regular a formação da vontade da Administração, por forma a que sejam tomadas decisões justas, legais, úteis e oportunas; assegurar a informação dos interessados e a sua participação; salva-

---

[9] Palavras de GOMES CANOTILHO, "Procedimento Administrativo e Defesa do Ambiente", cit. (n. 3), n° 3794, p. 134. O sugestivo título deste artigo quase dispensa palavras para demonstrar a importância que o procedimento administrativo tem para o direito do ambiente. Sobre esta importância, cfr. ainda JOÃO FERREIRA REIS,"A participação dos cidadãos no processo de tomada de decisão", in: *Temas de Direito do Ambiente,* Ministério do Planeamento e da Administração do Território, Lisboa, 1989, p. 107-117; e JOSÉ EDUARDO DIAS, *Tutela Ambiental e Contencioso Administrativo,* cit., p. 67-68, 196-201 e 214-215.

guardar em geral a transparência da acção administrativa[10] – tudo objectivos que se enquadram particularmente bem na tutela jurídico-ambiental.

2.4. *Relevo fundamental do princípio da participação*

O papel da participação no âmbito do procedimento administrativo constitui uma razão mais para justificar o relevo deste na tutela ambiental: como vimos (cfr. *supra*, II, 5.4.), o princípio da participação é um dos princípios fundamentais do direito do ambiente. Nas decisões com impactes ambientais a participação dos particulares, na medida em que não tem um sentido meramente garantístico, pode permitir a chamada de atenção para interesses que, de outra forma, não seriam sequer considerados pela Administração.

A articulação é, deste modo, clara: a participação é, simultaneamente, uma das ideias-chave do procedimento e um dos princípios fundamentais do direito do ambiente. O reforço das estruturas de participação no procedimento é vital ao nível da protecção ambiental, pois uma responsabilidade comum passa necessariamente por uma participação também comum na tomada de decisões, permitindo simultaneamente o seu "controlo social" (público).

Face à profunda conexão entre participação e informação, uma vez que não pode haver participação sem uma informação correcta e adequada, não se deve esquecer o relevo do *direito à informação*. Ele está constitucionalmente garantido, em geral (n° 1 do artigo 268°), e é também tutelado no CPA (artigos 61° e segs).

No que respeita à consagração do direito à informação ao nível ambiental, ela tem sido feita em termos muito latos, tanto ao nível do direito comunitário como do direito interno. Em termos de União Europeia, vigora agora a Directiva 2003/4/CE, do Parlamento Europeu e do Conselho, de 28 de Janeiro de 2003, "relativa ao acesso do público às informações sobre ambiente", que revogou a anterior directiva sobre o tema (Directiva 90/313/CEE, do Conselho).

No que ao direito nacional concerne, foi publicada em 2006 a Lei n.º 19/2006, de 12 de Junho, que passou a regular o acesso à informação sobre ambiente, na posse de autoridades públicas ou detida em seu nome, transpondo para a ordem jurídica interna a directiva referida – revogando as disposições específicas sobre o tema, acolhidas na Lei de Acesso aos Documentos da Administração (Lei n.º 65/93, de 26 de Agosto).

Na nova lei é garantido em termos muito amplos o direito de acesso à informação sobre ambiente, estando por princípio as autoridades públicas obrigadas a disponibilizar aos requerentes informações sobre ambiente na posse

---

[10] Cfr. Preâmbulo do Decreto-Lei n° 442/91, de 15 de Novembro (diploma que aprova o CPA), 4.

dessas autoridades ou detida em seu nome, sem que o requerente tenha de justificar o seu interesse nessa informação (cfr., em especial, o artigo 6.°). Para dar efectividade a tal direito, incidem sobre as autoridades públicas múltiplos deveres, v. g. de disponibilizar listas e registos de informação, de criar e manter instalações para consulta da informação, de divulgarem ao público de forma activa e sistemática informação sobre ambiente, etc.

É ainda de sublinhar a grande relevância assumida pelas tecnologias telemáticas ou electrónicas na disponibilização e no acesso à informação.

No que respeita ao CPA ele contém, como mencionámos, uma série de disposições destinadas a garantir, em termos bastante amplos, a participação dos cidadãos (individualmente considerados ou em grupo) nas decisões administrativas, as quais também podem ser feitas valer, como é óbvio, em sede jurídico-ambiental. É o que se passa, desde logo, com o artigo 8° (princípio geral de participação) e, sobretudo, com os artigos 100° e segs., onde se prevê o direito de *audiência dos interessados,* audiência que foi considerada por FREITAS DO AMARAL a inovação mais ousada do Código[11] e que representa a concretização do direito constitucional de participação do cidadão nas decisões que lhe dizem directamente respeito (cfr. artigo 267°, n° 5, da CRP).

Há ainda outros preceitos do CPA que merecem nesta sede uma referência sumária:

– artigo 55°: comunicação do início do procedimento aos interessados;
– artigo 61°: direito à informação;
– artigo 88°, n° 2: possibilidade de os interessados juntarem documentos e pareceres ou requererem diligências de prova;
– artigos 96° e 97°: possibilidade de designação de peritos pelos interessados, os quais podem formular quesitos;
– artigos 115° e segs. (especialmente 117° e 118°): participação dos interessados no processo de elaboração dos regulamentos;
– o artigo 53° (legitimidade para iniciar o procedimento administrativo) justifica uma referência mais desenvolvida, desde logo por incluir, no n° 2 da sua al. *b),* a previsão de uma "legitimidade difusa" para a tutela de interesses difusos; mas sobretudo por prever a *legitimidade colectiva*: para além de atribuir às associações, de acordo com o n° 1, legitimidade para iniciar o procedimento, prevê no n° 3 do mesmo artigo um caso de legitimidade colectiva (em virtude da subjectivação dos interesses difusos nas entidades jurídicas que representam os titulares de tais interesses).

---

[11] Cfr. "Princípios Gerais do Código do Procedimento Administrativo", in: *Seminário sobre o Código do Procedimento Administrativo – Comunicações,* CEFA, Coimbra, 1993, p. 33 ss. (p. 39 e 48).

Como veremos, as organizações não governamentais de ambiente têm legitimidade para promover junto das entidades competentes todos os meios administrativos de defesa do ambiente (artigo 9°, n° 1 da Lei das organizações não governamentais de ambiente – Lei n° 35/98, de 18 de Julho).

Acrescente-se, por último, a circunstância de a participação procedimental poder ser uma das bases de atribuição da legitimidade processual, reforçando-se assim a ideia de uma certa complementaridade entre a tutela procedimental e a processual (jurisdicional). Isto acontece porque as próprias normas procedimentais relacionadas com a participação dos interessados (nomeadamente as que prevêem o seu direito de audiência) podem ser consideradas normas de protecção de terceiros (cfr. *infra*, 3.4.5.1.).

2.5. *O inquérito público*

Ainda no âmbito da participação no procedimento administrativo, tem algum interesse fazer uma breve indicação sobre o *inquérito público,* que se traduz no conjunto de averiguações destinado a preparar uma decisão administrativa (seja ela um acto, um regulamento ou um contrato administrativo), podendo estar aberto a qualquer interessado ou ser limitado por lei a interessados que preencham determinados requisitos de conexão com a decisão administrativa em preparação.

Este instrumento, para além de reflectir a grande importância do princípio da participação dos interessados na formação das decisões administrativas, assume um relevo muito significativo no âmbito dos procedimentos de aprovação de instrumentos de planeamento, nos de licenciamento de actividades económicas e quanto à avaliação de impacte ambiental.

Para além da sua previsão normativa, *em geral,* no artigo 118° do CPA, ele está concretizado numa série de diplomas normativos sobre a protecção ambiental, bem como em inúmeros diplomas relativos aos instrumentos de gestão urbanística e do ordenamento do território. É isso que acontece:

– na AIA, em relação à qual devem ser mencionadas as alíneas *f), m), q)* e *r)* do artigo 2°, o artigo 31° e, principalmente, os artigos 14° e 15°, todos do Decreto-Lei n° 69/2000, de 3 de Maio;

– no regime da prevenção e controlo integrados da poluição: cfr. os artigos 24° (especialmente os n°s 3, 4, 5 e 6) e 25° do Decreto-Lei n° 194/2000, de 21 de Agosto;

– no que respeita aos instrumentos de gestão territorial, são de destacar os artigos 6°, 33°, 40°, 48°, 58°, 65° e 77° do Decreto-Lei n° 380/99, de 22 de Setembro[12] que estabelece o regime jurídico de tais instrumentos;

---

[12] Este diploma foi alterado, pela última vez, por intermédio da Lei n.° 56/2007, de 31 de Agosto.

– no regime jurídico da urbanização e edificação (Decreto-Lei n° 555/99, de 16 de Dezembro, com a redacção da Lei n.º 60/2007, de 4 de Setembro), veja-se o estabelecido nos respectivos artigos 7°, n° 5, e 22°.

Em termos especificamente ambientais merece uma referência autónoma a lei que consagra o Direito de Participação Procedimental e de Acção Popular (Lei n° 83/95, de 31 de Agosto): sobre ela nos debruçaremos já de seguida.

2.6. *Os procedimentos populares*

O "direito de acção popular", consagrado na Constituição no seu actual artigo 52° (sendo a al. *a)* do seu n° 3 o preceito que nos interessa abordar) parece estar dotado de uma *dimensão procedimental, o* que poderia parecer um pouco estranho, em face da natureza judicial de tal direito[13].

Em termos constitucionais, não é apenas o facto de tal preceito mencionar que o direito de acção popular existe (também) para promover a prevenção de algumas infracções (entre as quais as infracções contra a preservação do ambiente e do património cultural) que nos conduz a tal conclusão, já que as diversas incumbências a que o Estado está adstrito em sede ambiental devem ser prosseguidas "com o envolvimento e a participação dos cidadãos" (n° 2 do artigo 66°).

Em termos legislativos, também o artigo 2°, n° 1, da LBA se refere à incumbência do Estado de promover a melhoria da qualidade de vida, devendo para o efeito apelar a "iniciativas populares".

Logo destas normas resulta, assim, a previsão de uma legitimidade plena para tutela do ambiente. Legitimidade que se revela de grande significado, uma vez que pressupõe a supressão das concepções individualistas ao nível da participação procedimental e a dispensa de um interesse directo e pessoal para o efeito.

Daí que não tenha sido estranha a opção do legislador – em todo o caso, não isenta de críticas[14] – de consagrar na "lei de acção popular" a dimensão procedimental do respectivo direito. Em virtude de tal opção a lei é normalmente referida com o complexo título de lei consagradora do "direito de participação procedimental e de acção popular", prevendo nos seus artigos 4° a 11° este *direito procedimental de participação popular.*

---

[13] Defendendo a vertente procedimental do direito de acção popular constitucional, anteriormente à sua regulamentação pela Lei n° 83/95, cfr. JOSÉ MAGALHÃES, "Ambiente de Perdição, Acções de Salvação: a Acção Popular Ecológica e o Direito às Compensações por prejuízo Ambiental no Horizonte Português de 1992", *Revista de Direito Público*, ano IV, n° 8, Jul.-Dez. 1990, p. 9-41 (p.26); RUI MEDEIROS, "O Ambiente na Constituição", *Revista de Direito e de Estudos Sociais*, ano XXXV (1993), p. 377-400 (p. 388 e seg.).

[14] Sobre a crítica a essa opção, cfr. o nosso *Tutela Ambiental e Contencioso Administrativo,* cit., p. 214.

Os seus termos permitem a qualquer cidadão, *independentemente de ter ou não um interesse directo e pessoal na matéria,* participar em procedimentos administrativos relativos a decisões susceptíveis de terem impactes ambientais. Assim se compreende a enorme porta aberta por este direito, não apenas para a propositura de acções e recursos judiciais (de que falaremos *infra,* 3.5.3.3.) mas também para a participação procedimental.

Uma vez que os titulares de direitos subjectivos e interesses legalmente protegidos eventualmente lesados pela decisão em preparação sempre teriam legitimidade, nos termos gerais, para participar nos procedimentos respectivos, o direito de participação procedimental da Lei n° 83/95 faz sentido para a tutela de interesses difusos que não tenham um ente representativo (interesses difusos em sentido próprio). Os seus titulares, que não teriam legitimidade por não gozarem de posições substantivas lesadas pela decisão, adquirem-na por esta via.

Diga-se apenas, a terminar, que a adopção dos planos e das decisões previstas no artigo 5° da Lei n° 83/95 tem de ser precedida da audição dos cidadãos interessados (sem que tenha aqui de se tratar de um interesse directo e pessoal, uma vez que são titulares do direito procedimental de participação popular, nos termos do artigo 2°, *"quaisquer cidadãos* no gozo dos seus direitos civis e políticos" e as associações e fundações defensoras dos interesses tutelados por esta lei, entre os quais se conta o ambiente), face ao disposto no n° 1 do artigo 5°; como tal, tem de ser dado anúncio público ao início destes procedimentos, por forma a garantir a possibilidade de participação; os interessados podem, para serem devidamente informados sobre o plano ou decisão em preparação, consultar os documentos e elementos descritos no artigo 6°, estando prevista a possibilidade de apresentarem observações escritas ou de serem ouvidos em audiência pública (artigos 7° e 8°); estando estabelecido no artigo 9° o dever de ponderação das e de resposta às observações formuladas.

2.7. *O procedimento administrativo e as relações jurídicas multipolares ou poligonais*

Foi já analisado, aquando do estudo das relações entre o acto administrativo e a tutela do ambiente, a importância de entender as relações jurídicas que a seu propósito se estabelecem como relações multipolares, multilaterais ou poligonais (cfr. *supra,* 1.6.).

Pretendemos agora mencionar apenas a enorme operatividade prática que o procedimento administrativo tem quanto a tais relações jurídicas, podendo e devendo ser o local próprio para o "diálogo" entre as diversas partes interessadas em projectos com repercussões ambientais: o promotor, a Administração e os afectados.

O procedimento é dotado de operacionalidade suficiente para permitir a qualificação, composição e ponderação entre os diversos interesses privados e públicos co-envolvidos na decisão administrativa. O que é especialmente ver-dade no âmbito de procedimentos relativos a actos autorizativos, em que é necessário dar conhecimento aos possíveis afectados – designadamente aos "vizinhos" – da solicitação da licença (informação pública).

3. O contencioso administrativo – tutela jurisdicional administrativa do ambiente

3.1. *Enquadramento*

Ao lado do direito administrativo substantivo, existe um amplo conjunto de normas destinadas a regular a função jurisdicional no âmbito administrativo, conjunto esse que se desenvolveu não apenas para garantir a defesa da legalida-de e da prossecução do interesse público por parte da Administração, mas também para proteger os direitos e interesses legítimos dos cidadãos nas suas relações com as entidades administrativas.

Este sector do direito administrativo, tradicionalmente designado por contencioso administrativo (ou, numa designação mais abrangente, por justiça administrativa), é definido de diversas formas pela doutrina, havendo uma certa unanimidade quanto às suas notas *funcional* (trata-se de uma actividade jurisdicional), *material* (está em causa a resolução de conflitos nascidos de relações jurídico-administrativas por aplicação do direito administrativo) e *orgânica* (esses conflitos destinam-se a ser resolvidos pelos tribunais adminis-trativos).

Como é de conhecimento geral, o contencioso administrativo foi profun-damente reformado nos anos 2002 e 2003, reforma que se concretizou, antes de mais, na publicação do novo Estatuto dos Tribunais Administrativo e Fiscais e no Código de Processo nos Tribunais Administrativos[15] – a que se podem acrescentar diversas modificações, nomeadamente ao nível organizatório, com a instituição de um extenso número de tribunais administrativo de círculo, hoje em dia agregados aos tribunais tributários, funcionando como tribunais admi-nistrativos e fiscais[16].

---

[15] Diplomas que são conhecidos, respectivamente, pelas siglas ETAF e CPTA. O ETAF foi aprovado pela Lei n.º 13/2002, de 19 de Fevereiro (alterada pela Lei n.º 107-D/2003, de 31 de Dezembro); e o CPTA por intermédio da Lei n.º 15/2002, de 22 de Fevereiro (alterada pela Lei n.º 4-A/2003, de 19 de Fevereiro). Ambos os diplomas entraram em vigor no dia 1 de Janeiro de 2004.

[16] Sobre a recente reforma do contencioso administrativo, cfr. MÁRIO AROSO DE ALMEIDA, *O Novo Regime do Processo nos Tribunais Administrativos*, 4ª edição, revista e actualizada, Almedina, 2005.

Também esta parte do direito administrativo (que se debruça ainda hoje primordialmente sobre as formas de "reacção" aos comportamentos da Administração) assume particular relevo para a disciplina jurídica do ambiente. Sendo uma das notas definidoras do contencioso administrativo a nota orgânica, que "exige" que seja um tribunal administrativo a resolver o litígio, importa agora analisar como é que o juiz administrativo é também "convocado" a participar na tarefa de defesa do ambiente, apesar de até há bem pouco tempo o juiz comum ser, por força da lei, aquele que possuía a competência regra no "contencioso ambiental".

3.2. *A competência dos tribunais administrativos na tutela do ambiente*

De acordo com a redacção originária do artigo 45° da LBA, que se manteve em vigor até há bem pouco tempo, o conhecimento das acções a que se referem o n° 3 do artigo 66° da CRP (na versão anterior à Revisão de 1989, com a qual o seu conteúdo foi inserido na nova redacção do artigo 52°, constando actualmente do seu n° 3) e os artigos 41° e 42.° daquela Lei era da competência dos tribunais comuns.

Quanto às questões cíveis e penais é óbvio que não podia ser outra a solução consagrada pelo legislador, uma vez que não se vislumbra qualquer razão para retirar a competência-regra de que os tribunais judiciais dispõem na ordem jurisdicional portuguesa, face ao artigo 211°, n° 1, da Constituição; competência que, de todo o modo, saía ainda reforçada no nosso tema, já que são estes tribunais o local por excelência de defesa dos direitos fundamentais.

No entanto, da análise que se fazia do citado artigo 45° da LBA (que previa a competência dos tribunais comuns para conhecer também das acções de embargos administrativos) e do artigo 47°, n° 1 da mesma lei (segundo o qual todas as infracções em que a lei não disponha em sentido contrário são consideradas contra-ordenações puníveis com coimas, sendo certo que são os tribunais comuns os competentes para conhecer das impugnações judiciais das decisões administrativas que apliquem coimas[17]) tinha de concluir-se que os tribunais comuns podiam ser competentes para conhecer questões de direito administrativo que se relacionassem com o ambiente.

---

[17] Sobre o regime geral das contra-ordenações cfr. o Decreto-Lei n° 244/95, de 14 de Setembro, que veio dar nova redacção ao Decreto-Lei n° 433/82, de 27 de Outubro, procedendo à sua republicação integral (com as modificações operadas). A Lei n.° 109/2001, de 24 de Dezembro, alterou entretanto 3 artigos deste diploma. Especificamente no domínio ambiental é da maior importância a recente Lei-Quadro das Contra-Ordenações Ambientais (Lei n° 50/2006, de 29 de Agosto), que vem tentar superar as insuficiências que o regime geral das contra-ordenações denotava quando aplicado ao domínio ambiental.

Com base em tais preceitos, entendeu no passado parte da doutrina que os tribunais judiciais teriam a competência *exclusiva* em sede ambiental, o que levaria a afastar de tal matéria os tribunais administrativos. Segundo os defensores de tal posição, seriam compreensíveis, pelo menos em parte, os motivos que teriam levado o legislador a optar por essa solução. Entre eles contava-se a circunstância de os tribunais administrativos só excepcionalmente gozarem de jurisdição plena (não devendo esquecer-se que a LBA é anterior à revisão constitucional de 1989), o facto de o direito ao ambiente dever ser configurado como direito subjectivo inalienável (ainda para mais com a "força" de direito fundamental), as dificuldades na definição das fronteiras deste novo direito, a consideração de que os mecanismos clássicos da responsabilidade civil seriam provavelmente os mais aptos para resolver estas questões e, finalmente, as vantagens da unidade de jurisdição quanto ao ilícito ambiental.

No entanto, e apesar de tal solução ser também acolhida noutros ordenamentos jurídicos, designadamente em Itália, defendíamos já na 1.ª edição destes *Cadernos* que, apesar da competência-regra dos tribunais judiciais, os tribunais administrativos não podiam ficar alheios a esta problemática. Ainda com a versão originária do artigo 45.º da LBA em vigor defendíamos que estes tribunais tinham um papel decisivo a desempenhar na tutela jurídico-ambiental, resultante desde logo de um adequado entendimento do princípio da prevenção no direito do ambiente. Este princípio tem especial interesse na sua relação com a Administração que, designadamente quando pratica actos que tenham ou possam ter influência sobre o ambiente, deve dar cumprimento a todas as normas aplicáveis ao caso concreto. Caso, pois, a Administração actue em violação de tais normas, comprometendo a qualidade do ambiente, o local para reagir contra esses actos (pedindo a sua anulação ou declaração de nulidade) só pode ser um tribunal administrativo.

Muitas das agressões ao ambiente provêm da Administração Pública, quer de forma *indirecta* (por exemplo no uso de poderes autorizativos e licenciadores), quer de forma *directa* (não são poucas as iniciativas públicas, *v. g.* no domínio da construção rodoviária, de barragens, de pontes, etc. que acarretam prejuízos ambientais de monta). Nestes casos é evidente que uma das principais formas de evitar a consumação do atentado ou a manutenção e agravamento da lesão tem que ser o pedido de anulação do respectivo acto (porventura antecedido pela interposição de uma providência cautelar conservatória, em princípio a suspensão da eficácia), a interpor num tribunal administrativo; logo daqui resulta, quanto a nós, a absoluta necessidade de recorrer ao juiz administrativo em vista da tutela do ambiente.

Nem, por outro lado, se deve afastar a possibilidade de recorrer aos tribunais administrativos para efectivar *acções de responsabilidade do Estado e demais pessoas colectivas públicas*. Para além das disposições constitucionais relativas à responsabilidade das entidades públicas e dos seus funcionários e agentes (artigos 22° e 271° da CRP[18]), existem também preceitos da legislação ordinária a tratar este tema: é o caso do Decreto-Lei n° 48.051, de 21 de Novembro de 1967 (o qual, face ao seu artigo 1°, regula "a responsabilidade civil extracontratual do Estado e demais pessoas colectivas públicas no domínio dos actos de gestão pública (...) em tudo o que não esteja previsto em leis especiais") e ainda dos artigos 37.° e segs. do CPTA.

Esta posição não sofria contestação nem na doutrina nem na jurisprudência[19], e daí que o legislador tivesse vindo clarificar a situação: através da já citada Lei n.° 13/2002, de 19 de Fevereiro, que aprovou o ETAF, procedeu-se simultaneamente à alteração da LBA, em concreto do seu artigo 45.°, dissipando-se quaisquer dúvidas que ainda pudesse haver em relação à competência dos tribunais administrativos no domínio da tutela ambiental (refere-se agora apenas, no n.° 1, a "actuação perante a jurisdição competente").

Assim, sempre que a Administração Pública, através de actos seus, puser de alguma forma em causa o ambiente, os tribunais administrativos serão competentes para dirimir os litígios respectivos. Permanecendo em aberto a delicada questão de saber contra quem deve um particular lesado no seu direito fundamental ao ambiente por actuações de outro particular ao abrigo de um acto autorizativo da Administração interpor a respectiva acção, bem como qual a forma processual que deve usar e qual o tribunal a que se deve dirigir[20].

---

[18] De acordo com estes preceitos, *grosso modo*, as entidades públicas e os titulares dos seus órgãos, funcionários e agentes são responsáveis pelas *acções* ou *omissões* praticadas no exercício das suas funções de que resulte violação dos direitos ou interesses legalmente protegidos dos cidadãos. Para GOMES CANOTILHO/VITAL MOREIRA, *Constituição da República Portuguesa – Anotada*, Vol. I, 4ª ed., Coimbra Editora, 2007, p. 426, "Os destinatários desta norma são o *Estado e as demais entidades públicas* incluindo portanto as colectividades territoriais e as pessoas colectivas públicas delas dependentes (administração indirecta) ou não (administração independente, administração autónoma). Esta fórmula ampla significa, desde logo, que o art. 22.° é uma norma geral vinculativa de *todas as entidades públicas*, inclusive, as que actuam nas formas de direito privado".

[19] O próprio Supremo Tribunal de Justiça não tinha dúvidas a este respeito, tendo-se pronunciado nesse sentido ainda na vigência da redacção originária da LBA: por exemplo no acórdão de 7 de Dezembro de 1995 pode ler-se que "sempre que os danos ao ambiente tenham sido causados pela administração no exercício da gestão pública *intervêm as regras do contencioso administrativo*" (itálico nosso).

[20] GOMES CANOTILHO ("A Responsabilidade por Danos Ambientais — Aproximação Juspublicística", in: *Direito do Ambiente*, INA, p. 406 e seg.), embora ponha a hipótese do acto autorizativo público justificar a ilicitude da actividade causadora do dano (o que acarretaria a transferência da responsabilidade por danos ambientais do estabelecimento licenciado para a Administração licenciadora), acaba por concluir que "se o efeito justificativo explica a ilicitude do comportamento ou actividade dos particulares ele não justifica a negação do ressarcimento a cargo do particular responsável".

Mais desenvolvidamente sobre o tema, GOMES CANOTILHO, "Actos Autorizativos Jurídico-Públicos e Responsabilidade por Danos Ambientais", *Boletim da Faculdade de Direito da Universidade de Coimbra*, vol. LXIX (1993), p. 1-69.

3.3. *A protecção jurisdicional do ambiente em face da Constituição da República e do direito comunitário*

3.3.1. Justificação

A intensidade conferida pela CRP e pelo direito comunitário à tutela do ambiente e a sua ligação à protecção do mesmo por via jurisdicional conduz à conclusão de que os meios e mecanismos da tutela jurisdicional administrativa do ambiente no nosso país têm que estar em conformidade com os dados trazidos por aquelas fontes normativas, que ocupam a cúpula na posição da hierarquia das fontes do direito.

3.3.2. A CRP e a tutela jurisdicional do ambiente

Como vimos (cfr. *supra*, v.), a força conferida pelo legislador constitucional português à tutela ambiental é enorme, a ponto de a esta luz se falar da existência de uma *constituição ambiental*. Logo esta circunstância conduzirá a que o legislador ordinário conforme a sua produção, e os diversos aplicadores do direito (designadamente os magistrados) a sua actuação concreta aos ditames nesta matéria resultantes do quadro constitucional. E se, como fizemos, associarmos àquela constituição ambiental o *princípio da protecção jurisdicional efectiva* (quer no seu âmbito geral, quer quando referido especificamente à área administrativa), então os resultados a que se chegue haverão de ser de molde a assegurar aos cidadãos, da forma mais eficaz possível, a protecção jurisdicional efectiva do seu direito ao ambiente.

As disposições da nossa Constituição da República relevantes em sede de protecção do direito ao ambiente por parte dos cidadãos conduziram à necessidade, em boa medida já satisfeita, de o legislador e os juízes operarem algumas modificações e introduzirem certas inovações relativamente à forma como tais problemas eram tradicionalmente encarados.

A nossa Constituição permitiu afirmar a necessidade de uma abertura decidida a um sistema mais lato de protecção, sobretudo jurisdicional, do direito ao ambiente. Se o legislador constitucional já foi razoavelmente generoso em termos de protecção jurisdicional dos cidadãos – nomeadamente no tocante à protecção dos direitos e interesses dos cidadãos enquanto administrados –, ele foi-o ainda mais quanto à protecção do direito ao ambiente: este aparece configurado como direito fundamental judicialmente accionável por todos (individual ou colectivamente) os que sejam lesados nessa sua posição jurídica substantiva, recebendo uma "protecção constitucional qualificada" em virtude da previsão da acção popular para a sua tutela.

Concretamente quanto ao acesso ao processo (administrativo), as opções constitucionais foram suficientes para que se tenha imposto um abandono das concepções que exijiam um especial rigor por parte do juiz no momento em que analisa a legitimidade ou ilegitimidade do autor: daí a flexibilização dos critérios da legitimidade processual clássica e a sua interpretação de forma menos restritiva na área do ambiente[21].

Acrescente-se que, em face da nossa Constituição, a tutela dos direitos e interesses legítimos dos particulares pode ser feita directamente, sem necessidade de existirem actos administrativos lesivos de tais posições jurídicas, com o que se abrem as portas para autorizar o juiz a adoptar acções que não sejam meramente anulatórias e onde possa gozar de poderes bastante mais amplos. Estas possibilidades foram em larga medida consagradas na Reforma do contencioso administrativo de 2002/2003, podendo ter um préstimo particular quando estejam em causa atentados ao ambiente.

3.3.3. A protecção jurisdicional do ambiente e o direito comunitário

Os dados do direito comunitário (cujas normas, de acordo com o n° 4 do artigo 8° da CRP, "são aplicáveis na ordem interna, nos termos definidos pelo direito da União") implicam também uma *maior intensidade* da tutela ambiental – designadamente por parte dos nossos tribunais – relativamente a outros direitos e interesses protegidos pela nossa ordem jurídica.

Sendo estas questões tratadas noutra disciplina do Curso do CEDOUA, gostaríamos apenas de sublinhar como o dever de protecção do ambiente por parte dos *tribunais nacionais* é reforçado pelo direito comunitário: a sua especial força normativa (que legitima a alusão à sua "supremacia"), juntamente com o efeito directo de parte das suas normas, aliadas à circunstância de os tribunais nacionais serem os "tribunais comuns" de direito comunitário, com o *dever* de o aplicarem, conduz a que a tutela jurisdicional do ambiente surja, a esta luz, necessariamente reforçada e enriquecida.

O direito comunitário com eficácia directa – incluindo as directivas em matéria ambiental que produzam os seus efeitos directamente nas ordens jurídicas nacionais – obriga a Administração Pública dos Estados membros: tanto ela como os tribunais que fiscalizam a conformidade ao direito da sua actuação têm que o aplicar, devendo todos os actos da primeira que importem uma violação desse direito ser afastados da ordem jurídica através da sua anulação ou declaração de nulidade. Na óptica dos indivíduos e das associações que

---

[21] O que, como veremos, se tornou praticamente desnecessário, em face da consagração constitucional e legal (seja numa lei específica, seja no próprio CPTA) do *direito de acção popular* para reagir contra actuações administrativas lesivas do ambiente.

sejam abrangidos pelo âmbito de aplicação de tais disposições, ser-lhes-á garantido o direito de se oporem a todas as medidas nacionais que possam pôr em causa esses mesmos direitos, assegurando-se desta maneira a (desejável) efectividade do direito comunitário.

Uma vez que a garantia de execução real da política comunitária do ambiente assenta nos mecanismos internos de direito nacional, nomeadamente nos tribunais (que têm de assegurar a tutela conferida pela ordem jurídica comunitária ao direito ambiental), os tribunais nacionais são os tribunais comuns de direito comunitário. São eles que têm de assegurar a tutela conferida pela ordem jurídica comunitária ao direito ambiental (também na sua dimensão de direito individual), sendo certo que *um acesso mais amplo aos tribunais nacionais permitirá também uma mais ampla realização do direito comunitário do ambiente*.

Em face da enorme importância e relevo da política e do direito comunitários do ambiente – com acolhimento no Tratado da Comunidade Europeia e com o elevadíssimo número de programas de acção, regulamentos e directivas sobre a temática ambiental – o direito comunitário acaba por dar mais uma razão no sentido de alargar a tutela jurisdicional do ambiente.

3.4. *A repercussão das especificidades da tutela jurisdicional do ambiente ao nível do contencioso administrativo*

3.4.1. Apreciação geral

As normas, meios, institutos e órgãos do contencioso administrativo podem e devem desempenhar um papel destacado na tutela do ambiente, sendo os tribunais administrativos necessariamente chamados a apreciar matéria – relações jurídicas externas em que pelo menos num dos pólos esteja a Administração Pública (ou um ente privado com poderes públicos administrativos) e que sejam reguladas pelo direito administrativo – relacionada com o ambiente. Nesta medida se pode falar de um contencioso administrativo do ambiente – apreciação e julgamento de litígios jurídico-ambientais pelos tribunais administrativos, utilizando as suas formas processuais próprias de julgamento.

Em face do reconhecimento do papel do contencioso administrativo na tutela ambiental e devido ao facto de esta última impor algumas modificações, actualizações e, no fundo, exigências acrescidas às formas e meios de tutela fornecidos pelo contencioso administrativo, vamos passar a analisar de seguida o relevo que as formas processuais do contencioso administrativo vigente assumem na arena ambiental.

3.4.2. A Reforma do contencioso administrativo de 2002/2003

Como foi já assinalado, nos anos de 2002 e 2003 houve uma reforma profunda do contencioso administrativo português, que determinou antes de mais, em termos legislativos, a entrada em vigor do novo ETAF e do CPTA em 1 de Janeiro de 2004.

Interessa-nos aqui sobretudo perspectivar a maneira como as novas formas de processo instituídas pela Reforma do contencioso administrativo de 2002/ 2003 podem ser relevantes para a tutela ambiental[22]. Em todo o caso, antes de tal exercício gostaríamos de salientar alguns aspectos relevantes destes diplomas, em especial do CPTA.

Na sequência das normas constitucionais pertinentes (sobretudo os n.ºs 4 e 5 do artigo 268.º da CRP) o CPTA consagrou, no seu artigo 2.º, o princípio da *tutela jurisdicional efectiva* que, do ponto de vista da tutela do ambiente, determina que cada litígio ambiental no âmbito de uma relação jurídica administrativa possa ser dirimido por um tribunal. Uma vez que o direito ao ambiente é um direito fundamental de todos os cidadãos, pode dizer-se que faz aqui especial sentido articulá-lo com este princípio da tutela jurisdicional, de forma a deixar sem lacunas a cobertura jurisdicional do âmbito de protecção de tais direitos[23].

Ainda na perspectiva da plena protecção jurisdicional do direito ao ambiente é também muito relevante destacar a previsão, no artigo 7.º do CPTA, do princípio *pro actione*: se "as normas processuais devem ser interpretadas no sentido de promover a emissão de pronúncias sobre o mérito das pretensões formuladas", isso determinará a aferição menos exigente dos pressupostos processuais, por forma a promover as decisões de mérito (em comparação com as meramente formais) sobre a causa.

Na linha deste princípio, o novo sistema instituído pelo CPTA passa pela eliminação da máxima da limitação dos meios processuais, aliado às tradicionais formas de acção administrativa: existe hoje uma forma de acção administrativa comum, utilizada para todos os processos "que tenham por objecto litígios cuja apreciação se inscreva no âmbito da jurisdição administrativa e que" não "sejam objecto de regulação especial" – n.º 1 do artigo 37.º do CPTA.

---

[22] Para maiores desenvolvimentos relativamente à reforma do contencioso administrativo e seus reflexos no domínio ambiental, veja-se o artigo de MÁRIO AROSO DE ALMEIDA, "O Novo contencioso administrativo em matéria de ambiente", *Revista Jurídica do Urbanismo e do Ambiente*, nºs 18/19, Dezembro/2002, Junho/2003, págs. 113-132.

[23] Assinale-se que o artigo 4.º do ETAF, na enumeração exemplificativa que faz (no seu n.º 1) dos litígios cuja apreciação compete aos tribunais da jurisdição administrativa e fiscal, refere em primeiro lugar aqueles que tenham por objecto a "Tutela de direitos fundamentais" (al. *a*)). A este propósito, veja-se o artigo de CARLA AMADO GOMES, "O artigo 4º do ETAF: um exemplo de creeping jurisdiction? Especial (mas brevíssima) nota sobre o artigo 4º/1/l) do ETAF", in: *Estudos em Homenagem ao Prof. Doutor Armando M. Marques Guedes*, Coimbra, 2004, p. 399 e segs.

É também de sublinhar o extraordinário alargamento dos poderes dos juízes dos tribunais administrativos trazido pela Reforma. Além das tradicionais sentenças anulatórias (constitutivas) e declarativas, estes juízes passaram a dispor, em situações diversas, de verdadeiros *poderes de condenação* da Administração, embora só em casos muito contados o juiz se possa substituir à própria Administração (em regra esta mantém os poderes para *executar* as determinações judiciais). Nomeadamente por influência do princípio da separação de poderes, não se pretendeu ir tão longe, como na verdade não se devia.

Outra das novidades muito significativas da Reforma, com grande relevo para a protecção dos direitos dos administrados, traduziu-se na ampla possibilidade de cumulação de pedidos, de acordo com as normas contidas no artigo 4.º do CPTA (e também nos artigos 5.º e 47.º), bem como no princípio da igualdade das partes no processo (artigo 6.º), que tendem a aproximar cada vez mais a posição de Administração e administrados nos tribunais administrativos.

Em todo o caso, continua a haver limitações e condicionamentos quanto à protecção jurisdicional do ambiente no âmbito administrativo: apesar da consagração de diversos processos urgentes, o tempo médio dos processos "normais" continua a ser dificilmente coadunável com as necessidades de uma tutela rápida, que o ambiente as mais das vezes reclama. As duas principais formas de processo – a acção administrativa comum e a acção administrativa especial – continuam a demorar um tempo excessivo, na perspectiva da protecção dos interesses ambientais.

Outra das dificuldades passa por uma compreensão insuficiente, da parte dos juízes dos nossos tribunais nacionais, de que estes são, como vimos, os *tribunais comuns de direito comunitário*, o que é mais relevante ainda quando pensamos no efeito directo de algumas das suas normas ou no princípio da interpretação do direito interno em conformidade com o direito comunitário.

3.4.3. As formas de processo do CPTA e a protecção do ambiente

O CPTA consagrou um modelo, em termos de formas processuais, que passou pela alteração radical dos antigos meios processuais principais e pela criação, na sua vez, de duas formas processuais: a *acção administrativa comum* e a *acção administrativa especial*, incluindo nesta última os *processos urgentes* (meios principais que têm a característica comum de serem *especiais* pela sua celeridade ou prioridade). A estas devem acrescentar-se os *processos cautelares*, que estão na dependência de um processo principal e têm por finalidade assegurar a utilidade da lide (isto é, de um processo que normalmente será mais ou menos longo), garantindo o tempo necessário para se fazer Justiça.

A intenção do legislador foi a de que daqui resultasse um contencioso pleno, assente primordialmente nas múltiplas pretensões jurídicas que podem ser deduzidas em juízo e não nas formas de actuação da Administração.

A *acção administrativa comum* é aplicável a todos os litígios da competência da jurisdição administrativa que não sejam objecto (nem no CPTA nem em legislação avulsa) de regulamentação especial, ao passo que a *acção administrativa especial* é a forma que abrange os litígios relativos à prática (ou omissão) de actos e de normas administrativas (abrangendo os pedidos de *impugnação de actos*[24], de *condenação à prática de acto legalmente devido* e a *impugnação* e a *declaração de ilegalidade da omissão de normas*). A estas há que somar os *processos urgentes* (relativos a impugnações urgentes em sede de *contencioso eleitoral* e de *contencioso pré-contratual* e às *intimações* para *prestação de informações, consulta de processos ou passagem de certidões* e para *protecção de direitos, liberdades e garantias*) e as *acções administrativas avulsas*, que não estão reguladas no CPTA mas em legislação avulsa.

3.4.3.1. *A acção administrativa comum*

A acção administrativa comum está configurada como a forma de acção *supletiva*, no sentido de ser aplicável sempre que o litígio pertença à jurisdição administrativa mas não seja objecto, nem no CPTA nem em legislação avulsa, de uma regulação especial.

Ela é essencialmente aplicável às pretensões em que a Administração se encontre desprovida de poderes de autoridade e também para o julgamento de litígios inter-administrativos e dos que sejam decorrentes de (meras) operações materiais da Administração.

Esta acção tem uma grande similitude com o processo de declaração do Código de Processo Civil (nas suas formas ordinária, sumária e sumaríssima), cuja tramitação segue, de acordo com o artigo 42.º do CPTA.

Uma das novidades da Reforma traduziu-se na introdução da *alçada* (cf. o artigo 6.º do ETAF) o que, como é óbvio, torna necessário que todas as causas tenham um determinado valor. Ora, no domínio ambiental, é por vezes muito difícil dar um valor à causa, isto é, o seu valor é indeterminado. O que assume grande relevo, pois de acordo com a regra supletiva aqui aplicável considera-se que tal valor é superior ao da alçada dos tribunais centrais administrativos. Na verdade, dispõe o artigo 34.º do CPTA, no seu n.º 1, que se consideram de valor indeterminável "os processos respeitantes a bens imateriais", acrescentando-se no n.º 2: "Quando o valor da causa seja indeterminável, considera-se superior ao da alçada do Tribunal Central Administrativo".

---

[24] O tradicional "recurso contencioso de anulação" não só desapareceu do nosso ordenamento jurídico (trata-se agora de uma acção de impugnação de actos) como deixou de ser o meio comum do contencioso administrativo: agora é apenas *um dos pedidos* a formular na acção administrativa especial.

A acção administrativa comum será utilizada, no domínio ambiental, designadamente para fazer valer pretensões ressarcitórias dos particulares perante a Administração Pública, efectivando a *responsabilidade* desta e fazendo nascer o *direito de indemnização* daqueles. De grande préstimo pode ser também a sua utilização no âmbito contratual, bem como para diversos outros pedidos que podem ser formulados nesta acção: de acordo com a enumeração exemplificativa contida no n.º 2 do artigo 37.º do CPTA, pode ser o que se passa com a "condenação à adopção ou abstenção de comportamentos" (al. *c)*) ou com a "Condenação da Administração Pública à adopção das condutas necessárias ao restabelecimento de direitos ou interesses violados" (al. *d)*).

Também as acções inter-administrativas, previstas na al. *j)* do mesmo preceito, podem assumir interesse no domínio ambiental, ao oporem entes públicos entre os quais podem nascer conflitos jurídico-ambientais.

3.4.3.2. *A acção administrativa especial*

A acção administrativa especial tem um interesse muitíssimo destacado, no que se refere à sua utilização com a finalidade de pleitear pela tutela ambiental no campo administrativo. Os diferentes pedidos que podem ser nela formulados são especificamente regulados no CPTA e, embora a tramitação seja comum, a verdade é que a cada um desses pedidos acaba por corresponder um conjunto assinalável de regras específicas, circunstância que os aproxima de meios principais autónomos.

Assim, a acção administrativa especial permite obter a *anulação ou declaração de nulidade de actos administrativos*, que tantas vezes se revela necessária na luta pela protecção do ambiente. Bem como a condenação à prática de um acto administrativo legalmente devido[25] e, no que se refere às normas administrativas, a declaração da sua ilegalidade e ainda a declaração da ilegalidade da não emanação de uma norma que devesse ter sido emitida ao abrigo de disposições de direito administrativo.

Estes pedidos estão previstos no n.º 2 do artigo 46.º do CPTA, sendo a sua disciplina específica regulada nos artigos 50.º e seguintes do mesmo diploma legal.

É sobretudo no que se refere a esta forma de acção – antes de mais à pretensão de anulação ou declaração de nulidade de actos administrativos – que queremos desenvolver um pouco mais alguns problemas suscitados pelas especificidades do direito do ambiente. Antes de o fazermos gostaríamos ape-

---

[25] Sobre o regime jurídico da acção especial de condenação à prática de acto administrativo legalmente devido, cfr. RITA CALÇADA PIRES, *O Pedido de Condenação à Prática de Acto Administrativo Legalmente Devido: desafiar a modernização administrativa?*, Coimbra, Almedina, 2004.

nas de apresentar, numa síntese muito apertada, alguns dos desafios específicos
que o ambiente coloca aos tribunais administrativos.

3.4.4. Novos desafios colocados ao contencioso administrativo

Grande parte dos conflitos suscitados pelo direito do ambiente fogem ao
esquema clássico do contencioso administrativo de protecção de direitos individuais – com uma configuração estritamente individualista da tutela de interesses, em que só o cidadão titular de um interesse directo e pessoal podia exigir a
tutela jurisdicional –, sendo controvérsias fortemente politizadas, envolvendo
uma multidão de pessoas afectadas e, como tal, estando muito para lá do
esquema da protecção de direitos individuais.

O contencioso administrativo ambiental tem vindo assim a abrir-se à protecção de interesses colectivos, à harmonização de interesses públicos
conflituantes, falando-se igualmente na "socialização" do acesso à justiça, em
face do reconhecimento de uma legitimidade mais ampla nos casos onde não
haja lesões individuais e pessoais – permitindo que cada cidadão, em nome do
interesse público, possa exigir o cumprimento do direito objectivo. O número
de vozes a reclamar um papel mais visível e activo dos tribunais administrativos no domínio da protecção do ambiente tem sido bastante significativo, tendo
estes dado já alguns passos seguros nessa direcção.

Deve também chamar-se a atenção para o préstimo que a matéria da *relação jurídica poligonal* ou *multipolar*, que estudámos no que se refere à sua
refracção ao nível do acto administrativo e do procedimento administrativo,
também assume em sede contenciosa, nomeadamente no que se refere ao pressuposto processual da legitimidade.

No âmbito do direito do ambiente, a maioria dos litígios que o juiz administrativo é chamado a dirimir não tem a ver com uma relação bilateral entre a
Administração Pública e o titular de um interesse directo e pessoal, que vêm a
juízo debater posições antagónicas. As mais das vezes trata-se de relações
poligonais ou multipolares, em que a ponderação de interesses e a interpretação
e aplicação das normas substantivas é muito mais complexa. Pense-se, a título
exemplificativo, num caso em que a administração municipal licencia uma
ocupação turística, cuja validade é posta em causa por um vizinho ou por um
interessado em afectações que são prejudicadas por essa ocupação. O juiz
administrativo vai ter de dirimir um litígio onde estão em causa duas entidades
administrativas diferentes (por exemplo o Município autor do acto e a administração estadual que emitiu um parecer favorável), sujeitos particulares a defen-
derem posições antagónicas (de um lado o requerente da licença, do outro os
vizinhos ou outros interessados) e direitos e interesses diversificados do ponto
de vista material (direito de iniciativa económica privada, direito ao ambiente,

interesse público no desenvolvimento turístico e económico, ordenamento do território, criação de postos de trabalho, etc.).

Em termos mais específicos, vamos agora estudar algumas das mudanças que se vão afirmando, como forma de ultrapassar os obstáculos mais significativos que eram originariamente colocados à tutela jurisdicional administrativa do ambiente. Vamos centrar-nos especificamente num pressuposto processual de enorme relevo e que tem de ser entendido nas suas diversas matizes e configurações possíveis, aquando da propositura de acções que visam a protecção ou promoção do ambiente: a *legitimidade processual*, em especial no que se refere ao seu lado activo.

Uma vez que os contornos particulares de que este pressuposto – como em geral toda a acção – se reveste, no contencioso administrativo, se fazem sentir na *acção administrativa especial*, será sobre esta que nos debruçaremos, antes de mais quando ela visa a anulação ou declaração de nulidade de um acto administrativo.

3.4.5. A legitimidade processual activa para propor acções administrativas especiais que visam a tutela do ambiente

Algumas das principais modificações suscitadas pela necessidade de tutela do ambiente têm a ver com a forma de aferir o pressuposto processual da legitimidade (activa). Esta é hoje definida, no contencioso administrativo português – à semelhança do que acontece no processo civil – por referência à titularidade da relação material controvertida, nos termos do n.º 1 do artigo 9.º do CPTA.

No entanto, no que tange à acção administrativa especial, existem regras especiais contidas nos preceitos pertinentes as quais afastam a regra geral daquele artigo 9.º.

O direito ambiental é um domínio onde o problema dos efeitos jurídicos do acto administrativo em relação a terceiros (que não são destinatários directos do acto) é cada vez mais relevante, impondo o direito à tutela jurisdicional efectiva que aqueles terceiros sejam tidos em conta na selecção dos que podem aceder ao contencioso administrativo.

Interessa-nos aqui, de modo particular, o artigo 55.º do CPTA, onde se define quem tem *legitimidade activa para impugnar actos administrativos*. As regras contidas neste preceito permitem que se faça a diferenciação entre várias situações possíveis, o que está de acordo com as distintas formas e condições em que os autores podem aparecer a impugnar os actos administrativos, autores esses que tanto podem ser cidadãos individuais (a título individual ou coligados), associações ou agentes do Ministério Público. Analisemos então quais as formas de legitimidade activa nas acções administrativas especiais de impugnação de actos administrativos em matéria de ambiente.

3.4.5.1. *A legitimidade dos particulares e as acções de vizinhança jurídico-ambientais*

Neste domínio assume relevo especial a questão das "acções de vizinhança" jurídico-ambientais – em termos materiais, o campo do direito público de vizinhança –, bem como a reclamada superação da concepção restritiva do interesse directo e pessoal e a sua relação directa com o tema da protecção de terceiros (das suas posições jurídicas) perante actos administrativos que afectem essas mesmas posições. A grande questão é a de saber quando é que os interesses de terceiros merecem protecção jurisdicional; quando, como e em que condições é que terceiros (porventura não participantes num procedimento administrativo relativo a um acto, mas que sejam por ele afectados) podem invocar a protecção que para eles eventualmente resulte de normas jurídicas administrativas.

Na alínea a) do n.º 1 do artigo 55.º do CPTA prevê-se, na primeira categoria dos sujeitos com legitimidade para impugnar um acto administrativo, que o pode fazer quem "alegue ser titular de um interesse directo e pessoal, designadamente por ter sido lesado pelo acto nos seus direitos ou interesses legalmente protegidos". Estamos no âmbito mais clássico da legitimidade, isto é, das pessoas que vão a juízo com o objectivo de defender os seus direitos ou interesses próprios, por vezes correspondentes a verdadeiros direitos subjectivos.

No entanto, não é necessário que o autor invoque a titularidade de um direito subjectivo ou de um interesse legalmente protegido. De facto, há muito que doutrina e jurisprudência concordam numa interpretação lata e pouco exigente do "interesse directo e pessoal" (na formulação da lei revogada, o "interesse directo, pessoal e legítimo") na anulação do acto, cabendo aí meros interesses de facto, desde que o seu titular esteja numa situação diferenciada, traduzida numa vantagem ou desvantagem directa que o acto lhe possa trazer, do ponto de vista jurídico ou económico – e desde que o interesse seja actual.

No domínio do ambiente pode afirmar-se, de um modo geral, que são juridicamente relevantes, em termos de permitir o seu acesso ao processo, os interesses daqueles que em virtude das relações que mantêm com a actividade em causa, possam também sentir os efeitos da acção administrativa contestada.

Entende-se por *posição jurídico-pública de vizinhança* a posição subjectiva de terceiros juridicamente protegida através de normas de direito público, sendo vizinho um terceiro com uma posição jurídica particularmente qualificada e individualizada (implicando o direito de pretender que outro(s) sujeito(s) esteja(m) obrigado(s) a abster-se de determinados comportamentos ou actividades lesivas do direito ao ambiente).

No direito do urbanismo e no direito do ambiente a noção de vizinho tem vindo a ser alargada: considera-se hoje que ela não se pode circunscrever aos residentes em prédios contíguos, devendo abranger outras pessoas que possuam relações de proximidade com a instalação ou actividade em causa e que possam ser por ela afectadas.

Em termos jurídico-ambientais, e segundo GOMES CANOTILHO, "pertencem ao núcleo de vizinhança também pessoas que, não obstante a existência de uma distanciação física relativamente à instalação potencialmente lesiva, ainda assim podem vir a ser 'vítimas qualificadas' desta mesma instalação"[26]. Este mesmo Autor[27] propõe três formas de delimitar o *conceito de vizinho*, para determinar quem é protegido por determinada norma (ou normas) jurídicas, apresentando uma tripla delimitação:

- *delimitação pessoal*: deve tratar-se de um conjunto de pessoas diferente da colectividade em geral;
- *delimitação espacial*: deve tratar-se de um círculo de pessoas cuja localização espacial seja abrangida pela norma ou normas reguladoras do acto autorizativo de construção;
- *delimitação temporal*: deve tratar-se de pessoas que, na qualidade de proprietários, trabalhadores, inquilinos, tenham permanência no local e estreitas relações com o mesmo no plano da existência físico-espiritual.

Assume aqui grande importância a *teoria da norma de protecção* (teoria da protecção de terceiros através de normas jurídico-públicas). De acordo com esta teoria é fundamental analisar se a norma jurídica invocada pelo particular visa ou não proteger (também) os interesses de terceiros determinados, averiguando-se em seguida se o interessado pertence ou não ao círculo de pessoas protegidas pela norma. Como tal, se a posição de determinado sujeito for prevista e protegida (ainda que não em exclusivo) por determinada norma, isso implica a atribuição do direito de acção a esse mesmo sujeito.

Para concluir este ponto, convém acentuar que a acção de vizinhança não é uma acção popular, pois é baseada em posições jurídico-materiais individualizadas ou individualizáveis: como tal, está aqui em causa a protecção do ambiente numa perspectiva subjectivista e, em princípio, individualista. Não se pode todavia excluir a possibilidade de toda a comunidade beneficiar da acção desse indivíduo diferenciada ou qualificadamente lesado em relação aos outros e que, por isso mesmo, assume a tarefa de impugnar o acto administrativo lesivo do ambiente.

---

[26] Cfr. GOMES CANOTILHO, "Anotação" (ao Acórdão do STA de 28 de Setembro de 1989), *RLJ*, ano 124° (1992), n° 3813 (Abril de 1992), p. 363.

[27] *Ob. ult. cit.*, p. 363 e seg.

3.4.5.2. *A legitimidade das organizações não governamentais de ambiente*

Não pode deixar de se entrar em conta, neste domínio, com as acções propostas por associações ambientalistas, hoje designadas como organizações não governamentais de ambiente (ONGA), nos termos da Lei n° 35/98, de 18 de Julho. Trata-se de associações dotadas de personalidade jurídica que visam, exclusivamente, a defesa e valorização do ambiente ou do património natural e construído, bem como a conservação da natureza (artigo 2°, n° 1, da Lei n° 35/98)[28].

Esta Lei, na linha do que fazia a antiga Lei das Associações de Defesa do Ambiente (Lei n° 10/87, de 4 de Abril, integralmente revogada pela Lei n° 35/98) atribui poderes de enorme relevo às ONGA. Em termos jurisdicionais deve destacar-se a norma do artigo 10°, que lhes atribui legitimidade para usar uma série de meios jurisdicionais, designadamente:

– propor as acções judiciais necessárias à prevenção, correcção, suspensão e cessação de actos ou omissões de entidades públicas ou privadas que constituam ou possam constituir factor de degradação do ambiente [al. *a)*];
– intentar acções judiciais para efectivação da responsabilidade civil relativa aos actos e omissões que impliquem a degradação do ambiente [al. *b)*];
– impugnar contenciosamente os actos e regulamentos administrativos que violem as disposições legais que protegem o ambiente [al. *c)*].

A nossa lei não faz quaisquer restrições quanto à exponencialidade ou representatividade das associações, consagrando-se expressamente que a atribuição de tal legitimidade é independente de elas terem ou não interesse directo na demanda (artigo 10°).

Deve salientar-se que o CPTA, no citado preceito onde se disciplina a legitimidade processual activa para a propositura de acções administrativas especiais de impugnação de actos administrativos, dá também acolhimento expresso à legitimidade das ONGA: na alínea *c)* do n.° 1 do artigo 51.° do Código prevê-se a legitimidade das "Pessoas colectivas públicas e privadas, quanto aos direitos e interesses que lhes cumpra defender".

É a dimensão objectiva (bem da colectividade) do ambiente que está sobretudo aqui em causa.

A prática tem demonstrado a importância real da atribuição do direito de acção judicial a estas associações, que não têm deixado de o usar em muitas situações, sendo responsáveis por uma parte significativa dos processos judiciais intentados com vista à protecção do ambiente.

---

[28] Como exemplos, não podemos deixar de citar a QUERCUS – Associação Nacional de Conservação da Natureza, a Liga para a Protecção da Natureza (LPN), o Grupo de Estudos de Ordenamento do Território e Ambiente (GEOTA), o Centro para o Direito Ambiental e Desenvolvimento Sustentado (EURONATURA), entre outros.

3.4.5.3. *A acção popular*

Desde a revisão constitucional de 1989 que se introduziu uma nova redacção ao artigo 52° da CRP, acolhendo-se o direito de acção popular para defesa de determinados direitos e interesses. Na sua redacção vigente, este artigo confere, na al. *a)* do seu n° 3, a todos o direito – a exercer "pessoalmente ou através de associações de defesa dos interesses em causa" – de acção popular, nomeadamente para "Promover a prevenção, a cessação ou a perseguição judicial das infracções contra (...) a qualidade de vida e a preservação do ambiente e do património cultural".

Com a acção popular dá-se a universalização do direito de acção (alargamento da legitimidade processual activa a todos os cidadãos), bem como a ultrapassagem do clássico "processo a dois", confiando-se a defesa do valor ambiental a cada cidadão *de per se*.

Este expediente processual é particularmente significativo nos casos de "lesões em massa" e na tutela dos interesses difusos (refracção em cada indivíduo de interesses unitários da comunidade), já que em tais situações será muitas vezes difícil para o particular invocar a existência de um interesse diferenciado ou qualificado na anulação do respectivo acto administrativo.

A Lei n° 83/95, de 31 de Agosto, veio tornar exequível este direito, prevendo nos seus artigos 12° e seguintes o regime da acção popular administrativa, que inclui a acção para defesa dos interesses referidos no artigo 1° (entre os quais se inclui o ambiente) e o recurso contencioso com fundamento em ilegalidade contra quaisquer actos administrativos lesivos dos mesmos interesses (hoje em dia a acção administrativa especial, com um pedido de anulação ou declaração de nulidade de um acto administrativo).

Abriu-se assim uma enorme porta para os cidadãos individualmente considerados ou associados intervirem em sede jurisdicional com vista à protecção do ambiente. Eles não precisam de ter qualquer interesse qualificado ou individualizado, bastando a invocação da lei de acção popular como fundamento da sua legitimidade.

Este direito foi também acolhido na legislação geral reguladora do contencioso administrativo: de acordo com o n.º 2 do artigo 9.º do CPTA, "Independentemente de ter interesse na demanda, *qualquer pessoa*, bem como as *associações e fundações defensoras dos interesses em causa*, as *autarquias locais* e o Ministério Público têm *legitimidade para propor e intervir*, nos termos previstos na lei, em processos principais e cautelares destinados à defesa de valores e bens constitucionalmente protegidos, como a saúde pública, o *ambiente* (...) a qualidade de vida, o património cultural (...)" (itálicos nossos).

Naturalmente que é a dimensão objectiva ou comunitária da protecção do ambiente que está aqui em causa: a acção popular não visa a tutela de posições jurídicas subjectivas individualizáveis, uma vez que os cidadãos diferenciada

ou qualificadamente lesados terão sempre legitimidade para reclamar a protecção jurisdicional das suas posições jurídicas através dos meios clássicos e da
fórmula clássica da legitimidade.

Mas quando os atentados ao ambiente não têm vítimas qualificadas, tradu-
zindo-se antes em ofensas a comunidades de cidadãos globalmente consideradas, o caminho da acção popular tem toda a razão de ser, atribuindo legitimidade a quem não a teria de outro modo.

3.4.5.4. *O Ministério Público*

Nos termos do artigo 219°, n° 1, da Constituição, ao Ministério Público
compete representar o Estado, defender os interesses que a lei determinar e
defender a legalidade democrática. Por essa razão, considera-se que esta magistratura deve assumir as vestes de defensor da legalidade e do interesse público,
razão que no fundo estará por trás da legitimidade geral que os magistrados do
Ministério Público gozam no contencioso administrativo português. É isso que
se passa, nomeadamente, no que respeita à legitimidade para a propositura de
acções administrativas especiais de impugnação de todos os actos administrativos que violem ou possam violar aquela legalidade e aquele interesse.

A consagração expressa dessa legitimidade encontra-se em diversos preceitos do CPTA, a propósito de vários pedidos a formular junto dos tribunais
administrativos. No que à acção administrativa especial de impugnação de
actos respeita, ela está acolhida na al. *b)* do n.º 1 do seu artigo 55°.

E se por vezes se considera dever a sua actuação ter um certo carácter
subsidiário – avançando-se o argumento de que os magistrados do Ministério
Público só deveriam interpor as acções administrativas se os particulares directamente afectados não o fizessem, até porque, no que à impugnação de actos se
refere, o prazo em que podem propor a acção é substancialmente maior do que
aquele de que os particulares dispõem – a verdade é que, no campo do direito
do ambiente, são muitos os que apoiam um papel mais activo dos agentes do
Ministério Público, que se deveriam tornar em verdadeiros "guardiões do ambiente". Em todo o caso, um preceito que apontava directamente nesse sentido
– o antigo n.º 3 do artigo 45° da LBA, de acordo com o qual "Sem prejuízo da
legitimidade dos lesados para propor as acções, compete ao Ministério Público
a defesa dos valores protegidos por esta lei (...)" – foi revogado pela mencionada Lei que aprovou o ETAF. Mas a referência aos poderes especiais do Ministério Público nesta sede transitou para a nova redacção do n.º 1 do mesmo
preceito, onde se lê: "(…) também ao Ministério Público compete a defesa dos
valores protegidos pela presente lei, nomeadamente através dos mecanismos
nela previstos".

Além disto, o CPTA veio atribuir o direito de acção popular – direito este que, como vimos, é reconhecido apenas para a tutela de alguns interesses públicos cuja especial dignidade foi tomada em consideração pelo legislador constitucional, com destaque para o ambiente – também ao Ministério Público. O que não fazendo muito sentido, na nossa opinião[29], permite em todo o caso reforçar a ideia do papel especialmente activo que o Ministério Público deve assumir na tutela do ambiente.

Sendo o Ministério Público um defensor da legalidade e do interesse público, mais uma vez é a defesa do ambiente objectivamente considerado que deverá estar aqui em causa.

---

[29] O direito de acção popular é normalmente configurado como um instrumento de democracia participativa, que permite aos membros do povo acederem aos tribunais – órgãos por excelência de defesa dos direitos dos cidadãos e locais últimos de controlo da legalidade da actuação administrativa – tanto para impugnarem actos ilegais da Administração como para defender direitos e interesses desta lesados por terceiros. Coisa diversa são os poderes de *acção pública* conferidos à magistratura do Ministério Público, razão pela qual a atribuição do direito de acção *popular* a estes magistrados não faz para nós sentido.

VIII. INSTRUMENTOS JURÍDICO-ADMINISTRATIVOS ESPECÍFICOS DE TUTELA DO AMBIENTE

Como vimos, a autonomia do direito ambiental deve ser vista como uma autonomia relativa, uma vez que este direito ainda resulta, antes de mais, da aplicação das técnicas e métodos próprios de outros ramos do direito (principalmente do direito administrativo), que devem sofrer transformações e aperfeiçoamentos que permitam uma sua mais correcta adaptação às finalidades da tutela ambiental.

Não obstante, o direito ambiental viu-se já na necessidade de desenvolver técnicas jurídicas próprias e específicas, de entre as quais se destaca a avaliação de impacte ambiental (AIA), bem como o regime da prevenção e controlo integrados da poluição (PCIP), no âmbito do qual tem lugar a prática de um acto específico do direito do ambiente: a *licença ambiental*. Ao estudo destes regimes nos dedicaremos de seguida.

1. A avaliação de impacte ambiental (AIA)

1.1. *Enquadramento*

O regime da AIA foi criado pela Comunidade Europeia, tendo na sua génese a Directiva n° 85/337/CEE, do Conselho, de 17 de Junho de 1985, posteriormente modificada pela Directiva n° 97/11/CE, do Conselho, de 3 de Março de 1997[1]. Para sublinhar a influência *directa* das Directivas comunitárias no regime nacional pode-se mencionar o facto de o nosso país ter sido alvo de

---

[1] Existe uma outra directiva posterior que veio igualmente modificar o regime da AIA no que respeita à participação do público e que, por isso mesmo, implicou a alteração do regime nacional: referimo-nos à Directiva 2003/35/CE, do Parlamento Europeu e do Conselho, de 26 de Maio de 2003, que "estabelece a participação do público na elaboração de certos planos e programas relativos ao ambiente e que altera, no que diz respeito à participação do público e ao acesso à justiça, as Directivas 85/337/CEE e 96/61/CE do Conselho".

acções de incumprimento instauradas pela Comissão Europeia em 1997, em virtude da demora na transposição da segunda daquelas directivas, acções de incumprimento que justificaram as alterações intercalares ao regime nacional ocorridas nesse mesmo ano.

A AIA é um instrumento privilegiado de concretização do princípio preventivo (e também de outros princípios fundamentais do direito do ambiente, como os da precaução, da correcção na fonte, do poluidor pagador, da participação e da colaboração internacional), podendo ser definida como o "processo concebido para garantir, no fundamental, que impactes ambientais significativos sejam satisfatoriamente caracterizados e tomados em consideração no planeamento, dimensionamento e licenciamento de um conjunto relevante de projectos ou acções que, pela sua natureza, dimensão ou localização, são susceptíveis de gerarem consequências nefastas sobre o meio ambiente. Trata-se de um procedimento de apoio à decisão baseado na elaboração de um Estudo de Impacte Ambiental (EIA) e na condução obrigatória de um processo formalizado de consulta pública"[2].

Estamos perante um procedimento prévio e de apoio à decisão de autorização ou licenciamento de projectos susceptíveis de ter impactes ambientais significativos, que tem por objectivo primordial fornecer à entidade competente para proferir aquela decisão as informações e os elementos necessários ao conhecimento e à ponderação dos efeitos ambientais dos projectos. De qualquer modo, e como veremos, no direito vigente a importância da *declaração de impacte ambiental* (DIA) vai ao ponto de, no caso de ser negativa, impossibilitar uma decisão de autorização ou de licenciamento.

O diploma que contém o regime da AIA actualmente em vigor é o Decreto-Lei nº 69/2000, de 3 de Maio, que revogou toda a legislação anterior, corrigiu falhas do regime até aí vigente e trouxe algumas novidades[3]. Na globalidade a publicação deste diploma revelou-se bastante positiva, consagrando algumas das directrizes fundamentais do direito comunitário do ambiente, tendo até ido, nalguns aspectos, mais longe do que a Directiva comunitária impunha, nomeadamente quanto à *força jurídica da DIA* (artigo 20°) e à pós-avaliação (artigos 27° e segs.).

---

[2] PAULO PINHO, "O Sistema de AIA em Portugal: Concepção e Funcionamento", in *Avaliação de Impacte Ambiental,* ed. por Maria do Rosário Partidário e Júlio de Jesus, CEPGA, 1994, p. 528 s.

[3] Este diploma foi posteriormente rectificado pela Declaração de Rectificação n.º 7-D/2000, de 30 de Junho e alterado pelos Decretos-Leis n.ºs 74/2001, de 26 de Fevereiro, e 69/2003, de 10 de Abril; e, ainda, pela Lei n.º 12/2004, de 30 de Março e pelo Decreto-Lei n.º 197/2005, de 8 de Novembro (rectificado pela Declaração de Rectificação n.º 2/2006, publicada a 6 de Janeiro). Todas as referência que fizermos ao Decreto-Lei n.º 69/2000 referem-se à sua versão em vigor, após as alterações mencionadas.

Noutro pontos, não se foi tão longe como na proposta de regime de AIA posta à discussão pública pelo Ministério do Ambiente em Março de 1999: foi o que se passou, por exemplo, quanto à desconcentração de competência, ao procedimento faseado e aos montantes das coimas[4].

Por último, merece referência destacada a recente publicação do Decreto-Lei n.º 232/2007, de 15 de Junho, o qual vem estabelecer "o regime a que fica sujeita a avaliação dos efeitos de determinados planos e programas no ambiente, transpondo para a ordem jurídica interna as Directivas n.ºs 2001/42/CE, do Parlamento Europeu e do Conselho, de 27 de Junho, e 2003/35/CE, do Parlamento Europeu e do Conselho, de 26 de Maio". Publicação que, deve salientar-se, era imperiosa para o Estado português o qual tinha já sido condenado pelo Tribunal de Justiça em virtude da não transposição daquelas directivas.

Com este diploma consagra-se aquilo que normalmente é designado por *avaliação ambiental estratégica*, aplicando-se o decreto-lei a todos os tipos de planos para os sectores da agricultura, floresta, pescas, energia, indústria, transportes, gestão de resíduos, gestão das águas, telecomunicações, turismo, ordenamento urbano e rural ou utilização dos solos (cfr. al. *a)* do n.º 1 do artigo 3.º).

As palavras do legislador, no preâmbulo deste importante diploma, são bastante claras quanto à sua intenção:

> "a avaliação ambiental de planos e programas constitui um *processo contínuo e sistemático*, que tem lugar a partir de um *momento inicial do processo decisório público*, de avaliação da qualidade ambiental de visões alternativas e perspectivas de desenvolvimento incorporadas num planeamento ou numa programação que vão servir de enquadramento a futuros projectos, assegurando a integração global das considerações biofísicas, económicas, sociais e políticas relevantes que possam estar em causa. A realização de uma avaliação ambiental ao nível do planeamento e da programação garante que os efeitos ambientais são tomados em consideração durante a elaboração de um plano ou programa e antes da sua aprovação, contribuindo, assim, para a *adopção de soluções inovadoras mais eficazes e sustentáveis* e de medidas de controlo que evitem ou reduzam efeitos negativos significativos no ambiente decorrentes da execução do plano ou programa. Por outras palavras, *os eventuais efeitos ambientais negativos de uma determinada opção de desenvolvimento passam a ser sopesados numa fase que precede a avaliação de impacte ambiental de projectos* já em vigor no nosso ordenamento" (itálicos nossos).

---

[4] Para uma análise do regime da AIA o contido no Decreto-Lei n.º 69/2000, cfr. ALEXANDRA ARAGÃO/JOSÉ EDUARDO DIAS/MARIA ANA BARRADAS, "O NOVO Regime de AIA: avaliação de previsíveis impactes legislativos", *Revista do CEDOUA,* n° 5, 2000, p. 71-91. Para uma análise genérica da AIA, cfr. LUIS FILIPE COLAÇO ANTUNES, *O Procedimento Administrativo de Avaliação de Impacte Ambiental: Para Uma Tutela Preventiva do Ambiente,* Almedina, Coimbra, 1998.

São de realçar, entre muitos aspectos, algumas notas deste novo regime:

– A *participação do público* ocupa, também aqui, protagonismo relevante, sendo o projecto de plano ou programa e o relatório ambiental respectivo submetidos a *consulta pública*, podendo as associações, organizações ou grupos não governamentais e os interessados formular observações e sugestões (cfr. n.º 6 do artigo 7.º [5]);

– Da mesma forma, está prevista a *consulta* a efectuar às entidades que "em virtude das suas responsabilidades ambientais específicas" tenham interesse nos efeitos ambientais resultantes da aplicação do plano ou programa (n.º 1 do artigo 7.º), bem como a consulta de Estados membros da União Europeia (artigo 8.º);

– O resultado da avaliação ambiental de um plano ou programa tem de ser tomado em conta na decisão final de um procedimento de AIA sobre um projecto que concretize as opções tomadas nesse plano ou programa, nos termos do artigo 13.º; em todo o caso, e de acordo com o n.º 2 do artigo 1.º, a avaliação ambiental estratégica "não prejudica a aplicação do regime de avaliação de impacte ambiental de projectos públicos e privados, nos termos do Decreto-Lei n.º 69/2000, de 3 de Maio (…)";

– O facto de o diploma prever *isenções* (artigo 4.º), bem como de discriminar o *conteúdo da avaliação ambiental* a levar a cabo (artigo 5.º);

– O procedimento termina com a prática de uma *declaração ambiental* por parte da entidade responsável pela elaboração do plano ou programa (artigo 10.º), a qual é enviada à Agência Portuguesa do Ambiente, à imagem do que acontece em relação aos resultados do controlo feito por aquela entidade (artigo 11.º);

– A Agência Portuguesa do Ambiente tem competência para o tratamento global da informação relacionada com a avaliação ambiental de planos e programas, bem como para assegurar o intercâmbio de tal informação com a União Europeia e para a disponibilizar a todos os interessados (artigo 12.º).

1.2. *Autoridades competentes*

No sistema vigente anteriormente à entrada em vigor do actual regime havia uma excessiva centralização de competências (no Ministro do Ambiente), aspecto que foi melhorado, de forma significativa. Ainda assim, uma das principais críticas que pode continuar a ser feita ao regime da AIA é a de que, se é certo que as competências foram descentralizadas, a verdade é que o

---

[5] Bem como os n.ºs 6 a 9 do mesmo preceito, sobre outros aspectos da consulta pública.

podiam ter sido mais: designadamente quanto à competência para a emissão da DIA, que continua a pertencer sempre ao ministro responsável pela área do ambiente.

Um aspecto bastante positivo do Decreto-Lei nº 69/2000 foi a opção – como tem feito a legislação ambiental mais recente – por uma previsão expressa e autónoma (do ponto de vista sistemático) das competências de todas as autoridades participantes directa ou indirectamente no procedimento de AIA. Para o efeito, existe um capítulo próprio (o cap. II – artigos 5º e segs.) dedicado a este tema.

Verifica-se também que a colaboração institucional foi uma clara preocupação do legislador, designadamente ao atribuir um papel mais activo à entidade licenciadora ou competente para a autorização no próprio procedimento de AIA.

De seguida, indicaremos os órgãos que participam no procedimento de AIA, referindo as competências de cada um deles:

– Ministro do Ambiente, do Ordenamento do Território e do Desenvolvimento Regional (MAOTDR): o MAOTDR continua a ser o órgão decisor em sede de AIA; para além da referência, na Lei Orgânica do MAOTDR (Decreto-Lei n.º 207/2006, de 27 de Outubro), à competência para "promover acções de prevenção, identificação e avaliação sistemática dos impactos da actividade humana sobre o ambiente" (al. *h)* do artigo 2.º), o artigo 18º, nº 1, do Decreto-Lei nº 69/2000 estabelece, de forma expressa, que a DIA é proferida pelo MAOTDR.

– Agência Portuguesa do Ambiente (APA): ao "suceder" ao Instituto do Ambiente, passa a assegurar as funções de "coordenação geral e de apoio técnico do procedimento de AIA" (n.º 1 do artigo 10.º do Decreto-Lei n.º 69/2000; cfr., também, o n.º 1 e a al. *a)* do n.º 2, ambos do artigo 13.º da Lei Orgânica do MAOTDR).

De salientar a existência, junto da APA, do Conselho Consultivo de AIA (CCAIA), organismo destinado a acompanhar a aplicação do Decreto-Lei n.º 69/2000 e a formular recomendações técnicas e de orientação dos serviços (n.º 3 do artigo 10.º deste diploma)[6].

– Autoridade de AIA: é o órgão que, coordenando e gerindo o procedimento, estando representado na Comissão de Avaliação e fazendo a proposta de DIA, "faz a ponte" entre quem realiza tarefas estritamente técnicas e quem toma a decisão final.

Nesta sede, compete-lhe a nomeação da comissão de avaliação e a elaboração da proposta de DIA ao MAOTDR.

---

[6] A Portaria n.º 123/2002, de 8 de Fevereiro, veio definir a composição e o modo de funcionamento e regulamentar a competência do CCAIA, tendo os respectivos vogais sido designados através do Despacho nº 14424/2005, de 30 de Junho, do Ministro do Ambiente, do Ordenamento do Território e do Desenvolvimento Regional.

Em face do regime vigente, a Autoridade de AIA tanto pode ser a APA como uma das CCDR, consoante o tipo de projecto de que se trate ou a entidade licenciadora ou competente para a autorização (cfr. artigo 7°, n° 1).

– Comissão de Avaliação: órgão distinto da Autoridade de AIA, com uma *composição interdisciplinar,* incumbida da realização das tarefas técnicas de avaliação (quer em sede de definição do âmbito do EIA, quer aquando da respectiva apreciação técnica) e da elaboração do parecer técnico final do procedimento de AIA.

A Comissão de Avaliação é nomeada *ad hoc* para cada procedimento de AIA em concreto, apresentando composição diversa de acordo com a natureza do projecto e com as exigências concretas de avaliação que surjam em cada procedimento. Assim, para além dos representantes da Autoridade de AIA e da CCDR (se esta não for a Autoridade de AIA), que integram sempre a Comissão de Avaliação, para este órgão podem ser nomeados representantes do Instituto da Conservação da Natureza e da Biodiversidade (ICNB), do Instituto Português do Património Arquitectónico (IPPAR) ou do Instituto Português de Arqueologia (IPA) e, ainda, pelo menos dois técnicos especializados integrados ou não em serviços do Estado (abrindo-se, assim, a possibilidade de incluir técnicos independentes na composição da Comissão de Avaliação).

– Entidade licenciadora: da leitura do artigo 6° resulta que é chamada ao procedimento a entidade que licencia ou autoriza o projecto (no anterior regime esta entidade estava quase por completo arredada do procedimento de AIA). Consegue-se assim uma maior coordenação entre os procedimentos de AIA e de licenciamento ou de autorização do projecto e melhorar a valia e a eficiência ambientais do acto de licenciamento ou de autorização.

1.3. *Sujeição à AIA*

Em face do regime vigente em Portugal, a selecção de projectos a sujeitar a AIA é feita simultaneamente com base em limiares e critérios pré-fixados – (artigo 1°, n° 3) e com base numa análise caso a caso (artigo 1°, n°s 4 e 5) – diversidade que pode levantar algumas dúvidas em face das necessidades de certeza e segurança jurídicas.

O Decreto-Lei n° 69/2000 prevê expressamente a possibilidade de projectos específicos serem *dispensados* do procedimento de AIA (artigo 3°). Apesar da correcção técnico-jurídica deste preceito (trata-se de uma *dispensa* e não de uma *isenção,* uma vez que pressupõe a prática de um acto administrativo para o caso concreto), o facto de não se preverem expressa e taxativamente quais as "circunstâncias excepcionais" que possibilitam a dispensa de AIA é susceptível de críticas, uma vez que abre um espaço de discricionaridade não completamente controlável.

Esta dispensa de AIA pode ser total (é dispensado todo o procedimento de AIA) ou parcial (apenas certa ou certas fases não têm de ser cumpridas) e, perante a disposição do nº 1 do artigo 3°, só pode ocorrer em "circunstâncias excepcionais", que terão de ser devidamente fundamentadas.

1.4. *Procedimento*

No regime anterior o procedimento de AIA assentava em 3 momentos fundamentais: a apresentação do estudo de impacte ambiental, a consulta pública e o parecer final da AIA. Com o diploma agora vigente, a tramitação procedimental tornou-se bastante mais complexa, incluindo agora, além desses 3 momentos, a *definição do âmbito do EIA,* a sua *elaboração,* a sua *apreciação técnica* e a fase de *pós-avaliação.*

No que toca aos trâmites responsáveis pelo início do procedimento e aos seguintes, antes da fase de consulta pública, devem destacar-se os seus momentos mais significativos:

– ainda antes do arranque propriamente dito do procedimento de AIA deve mencionar-se a possibilidade de haver uma *fase facultativa* de *definição do âmbito do EIA* (artigo 11°), que tem por objectivo melhorar a qualidade técnica deste e que consiste em o proponente solicitar à Autoridade de AIA que se pronuncie sobre uma proposta de definição do âmbito do EIA (tem-se criticado o facto de a consulta pública não ser obrigatória nesta fase);
– depois segue-se (ou caso não tenha sido feita aquela solicitação o procedimento de AJA inicia-se com) a *apresentação do EIA,* resultando da leitura do artigo 12.° a grande exigência do legislador quanto ao conteúdo deste Estudo[7];
– posteriormente, por despacho da Autoridade de AIA, é *nomeada a Comissão de Avaliação* (artigo 13°, nº 3), que vai proceder à *apreciação técnica* do EIA.

Após estes trâmites "preparatórios" entra-se numa fase muito importante, nomeadamente pela ligação a um dos princípios estruturantes do direito do ambiente (o princípio da participação): a *fase da consulta pública.* Fase que tem lugar após a Comissão de Avaliação declarar a conformidade do EIA,

---

[7] Sobre a proposta de definição do âmbito do EIA e sobre a estrutura deste Estudo, cfr. a Portaria n.° 330/2001, de 2 de Abril, do Ministério do Ambiente e do Ordenamento do Território, que "Fixa as normas técnicas para a estrutura da proposta de definição do âmbito do EIA (PDA) e normas técnicas para a estrutura do estudo do impacte ambiental (EIA)".

cabendo à autoridade de AIA promover a publicitação do procedimento de AIA, nos termos do artigo 14° e também a responsabilidade pela convocação, definição das condições de realização, condução e presidência das *audiências públicas* (artigo 15°).

Assume grande importância, neste âmbito, a *titularidade do direito de participação no procedimento de AIA,* a qual é definida por remissão para o conceito de "público interessado" (n.º 3 do artigo 14.º). Em face do disposto na al. *r)* do n.º 2, constituem *público interessado* "os titulares de direitos subjectivos ou de interesses legalmente protegidos, no âmbito das decisões tomadas no procedimento administrativo de AIA, bem como o público afectado ou susceptível de ser afectado por essa decisão, designadamente as organizações não governamentais de ambiente (ONGA)".

Posteriormente à participação pública, a Comissão de Avaliação elabora e remete à Autoridade de AIA o *parecer final do procedimento de AIA* (artigo 16°, n° 1), após o que a Autoridade de AIA remete ao MAOTDR a *proposta de DIA* (artigo 16°, n° 2) para este *proferir a DIA* com o conteúdo previsto no artigo 17° e no prazo previsto no artigo 18°[8].

1.5. *A declaração de impacte ambiental (DIA)*

Apesar das críticas à excessiva centralização do procedimento de AIA no regime anterior e à desconcentração operada pelo Decreto-Lei n° 69/2000, essa desconcentração não se fez sentir quanto à competência para emitir a DIA, que pertence sempre ao MAOTDR nos termos do artigo 18°, n° 1. Chegou a estar prevista, na proposta para discussão pública de Março de 1999, a possibilidade de também a DGA e as DRAOTS (cujas competências foram "herdadas" pela APA e pelas CCDR, respectivamente) serem, em determinados casos, competentes para tal efeito, mas essa opção não foi acolhida pelo diploma vigente.

A DIA pode ter vários sentido possíveis: pode ser uma decisão *favorável, desfavorável* ou *favorável condicionada* (sendo estas últimas, em termos estatísticos, as mais frequentes). No caso de ser favorável, a decisão deverá indicar sempre as condições ambientais em que o projecto deve realizar-se (condições essas que são vinculativas para a execução do projecto, na medida em que este só pode funcionar se e enquanto cumprir os seus exactos termos)[9].

Uma das novidades mais significativas que o regime de AIA instituído pelo Decreto-Lei n° 69/2000 trouxe teve a ver com a *força jurídica* da DIA: na

---

[8] Sobre o regime jurídico da AIA e o seu procedimento, podem consultar-se, com interesse, os sítios da Internet www.iambiente.pt e www.naturlink.pt.

[9] Embora não seja uma questão pacífica, em nosso entender não se devem, pelo menos em princípio, considerar factores não ambientais na DIA: às entidades competentes deve caber *exclusivamente* a avaliação dos impactes ambientais dos projectos.

sequência de anunciada opção política nesse sentido, deixou de ser possível o licenciamento ou autorização de projectos que tenham sido alvo de uma decisão negativa (desfavorável) em sede de AIA. Na verdade, da leitura do artigo 20°, n° 1, resulta *(a contrario sensu)* que uma DIA desfavorável terá de determinar, forçosamente, o indeferimento do pedido de licenciamento ou de autorização. Ou seja: a DIA desfavorável passou a ser *vinculativa,* consistindo agora, na perspectiva do órgão competente para a decisão final, num *parecer conforme favorável,* pois só a DIA negativa é vinculativa.

Com esta opção reforçou-se imenso o papel e o significado da AIA: para o licenciamento ou autorização de um projecto passou a ser condição *sine qua non* a sua compatibilidade ambiental ou, pelo menos, a sua não incompatibilidade ambiental, passando o MAOTDR a estar no "princípio da linha" do procedimento de licenciamento ou autorização de projectos susceptíveis de produzir impactes ambientais.

Para reforçar este regime, sanciona-se com a *nulidade os actos praticados em desconformidade com a DIA* (n° 3 do artigo 20°),solução que merece fortes aplausos, ao consagrar uma regra contrária à regra geral do nosso direito (artigo 135° CPA) e que tem um grande relevo prático, em face das grandes diferenças entre os regimes da nulidade e da anulabilidade.

Pelo contrário, merece forte crítica a solução acolhida no artigo 19°, ao prever o *deferimento tácito* da DIA nos procedimentos em que se deixe passar o prazo para a decisão sem que ela tenha sido comunicada à entidade licenciadora ou competente para a autorização. Quanto a nós, esta solução representa um paradoxo relativamente à vinculatividade da DIA e uma porta aberta à subversão do regime legal[10].

1.6. *Fiscalização e sanções*

A configuração como contra-ordenações dos comportamentos ilícitos por contrários ao regime da AIA (artigo 37°) e a consequente aplicação do regime do ilícito de mera ordenação social parecem aqui perfeitamente adequadas, uma vez que este é o ilícito-regra em matéria ambiental (artigo 47°, n° 1, da LBA e Lei-Quadro contra-ordenações ambientais – Lei n° 50/2006, de 29 de Agosto).

---

[10] Nesse sentido, cfr. o nosso "O deferimento tácito da DIA – mais um repto à alteração do regime vigente", *Revista do CEDOUA*, n° 8 (ano IV, n° 2.01), anotação ao Acórdão do Tribunal de Justiça das Comunidades Europeias, Terceira Secção, de 14 de Junho de 2001 – publicado em inglês no mesmo local.

Para um estudo desenvolvido do regime jurídico do acto de deferimento tácito, cfr. JOÃO TIAGO SILVEIRA, *O Deferimento Tácito – Esboço do regime jurídico do acto tácito positivo na sequência de pedido do particular*, Coimbra Editora, 2004.

A competência para a fiscalização e aplicação das sanções cabe à Inspecção-Geral do Ambiente e do Ordenamento do Território (IGAOT), tendo as outras autoridades administrativas envolvidas na AIA apenas o papel subsidiário de informarem a IGAOT no caso de tomarem conhecimento de situações que indiciem a prática de uma contra-ordenação (cfr. os nos 1 e 2 do artigo 36°).

No que se refere aos montantes das coimas, foram consideravelmente aumentados os seus limites aquando da publicação do Decreto-Lei n° 69/2000; no entanto, esse aumento ficou bastante aquém do que tinha sido avançado na citada proposta para discussão pública de Março de 1999, ficando-se pelos 3740,98 euros e 44891,81 euros, consoante se trate de pessoas individuais ou colectivas, respectivamente.

Deve saudar-se a previsão da possibilidade de elevação do montante máximo da coima em face do eventual benefício económico que o agente retire da infracção (n° 3 do artigo 37°) e a sua importância para contrariar uma lógica do tipo de que economicamente "vale a pena poluir", quando o que o agente "poupasse" em não evitar a poluição fosse mais do que aquilo que ele "gastasse" no pagamento da coima.

Quanto à afectação do produto da cobrança das coimas, em face do disposto no artigo 42°, revertem estas em 10% para a entidade que dá notícia da infracção (em princípio uma autoridade com competências em sede de ambiente) e em 30 % para a IGAOT, garantido-se deste modo o reforço das receitas das autoridades ambientais.

Para finalizar, é de referir o interesse da disposição do artigo 38°, a qual prevê expressamente (tal possibilidade sempre decorreria do artigo 47°, n° 3, da LBA e da Lei-Quadro das contra-ordenações ambientais) a possibilidade de cominação de sanções acessórias simultaneamente com a coima.

1.7. *Pós-avaliação*

A pós-avaliação, considerada pelo legislador como um dos objectivos fundamentais da AIA (al. *d)* do artigo 4°), foi uma das mais importantes inovações introduzidas pelo Decreto-Lei n° 69/2000. Em face deste regime, regulado nos artigos 27° e segs., em caso de uma DIA favorável ou condicionalmente favorável, essa declaração é apenas *a primeira parte* de uma avaliação de impacte ambiental, que só fica completa com a pós-avaliação.

O objectivo central da pós-avaliação é o de estabelecer um sistema de acompanhamento do funcionamento e exploração do projecto, por forma a fornecer dados que, entre outros objectivos, permitam o controlo da conformidade da execução do projecto com a DIA.

A pós-avaliação exige dos promotores um grande esforço, na medida em que são eles os responsáveis pela monitorização do projecto (artigo 29°), cabendo à Autoridade de AIA a fiscalização dos relatórios de monitorização (artigo 29°) e a realização de auditorias (artigo 30°). Deste modo, ela baseia-se numa auto-avaliação e auto-análise sistemáticas, para permitir a sua verificação externa e a fiscalização periódica pela Administração.

2. A *licença ambiental* e o novo regime da prevenção e controlo integrados da poluição[11]

2.1. *Enquadramento*

Na sequência da Directiva n° 96/61/CE, do Conselho, de 24 de Setembro, o Decreto-Lei n° 194/2000, de 21 de Agosto, veio instituir entre nós o regime da *prevenção e controlo integrados da poluição*[12].

Este regime resulta, tal como o da AIA, de uma obrigação do Estado português perante a União Europeia. Tem em vista, como o seu próprio nome indica, uma abordagem integrada do controlo da poluição, sendo o acento tónico colocado na *prevenção* e no *desenvolvimento sustentável.* Consagra uma abordagem integrada que pretende evitar ou reduzir as emissões de determinadas actividades para o *ar,* a *água* ou o *solo,* bem como a prevenção e controlo do *ruído* e da produção de *resíduos,* tendo em vista alcançar um nível elevado de protecção do ambiente no seu todo (cfr. artigo 1°, n° 1, do Decreto-Lei n° 194/2000).

2.2. *A licença ambiental*

Este diploma criou um novo acto administrativo autorizativo: a *licença ambiental.* Nos termos da al. *i)* do n° 1 do artigo 2°, esta consiste na "decisão escrita que visa garantir a prevenção e o controlo integrados da poluição proveniente das instalações abrangidas pelo presente diploma, estabelecendo as medidas destinadas a evitar, ou se tal não for possível, a reduzir as emissões para o ar, a água e o solo, a produção de resíduos e a poluição sonora, constituindo condição necessária do licenciamento ou da autorização dessas instalações".

A autoridade competente para a emissão da licença ambiental é, de acordo com o artigo 5° do Decreto-Lei, a Agência Portuguesa do Ambiente, uma vez que é ela que ocupa hoje o lugar que, no momento da redacção do Decreto-Lei n° 194/2000, era ocupado pela Direcção-Geral do Ambiente. A APA está dotada

---

[11] A propósito deste tema, cfr. os sítios da Internet www.iambiente.pt e www.naturlink.pt.

[12] Este diploma legal foi posteriormente alterado pelos Decretos-Leis n.os 152/2002, de 23 de Maio, 69/2003, de 10 de Abril, 233/2004, de 14 de Dezembro, 243-A/2004, de 31 de Dezembro, 130/2005, de 16 de Agosto e, por último, pelo Decreto-Lei n.º 183/2007, de 5 de Setembro.

de outros poderes de grande significado na coordenação, gestão, prestação de informações e decisão de matérias relativas à prevenção e controlo integrados da poluição.

De grande relevo são também as normas contidas no artigo 10° deste diploma legal, que definem o *conteúdo do licença ambiental:* ela deverá conter todas as obrigações do operador definidas no artigo 8° (entre as quais: adoptar medidas preventivas de combate à poluição; evitar a produção de resíduos ou, pelo menos, promover a sua valorização; fazer uma utilização eficiente da energia; adoptar as medidas necessárias para evitar acidentes), usando as *melhores técnicas disponíveis* para esses efeitos (nos termos do artigo 9°)[13].

No que respeita ao seu *objecto,* estão sujeitas à licença ambiental todas as *instalações* nas quais sejam desenvolvidas actividades constantes do anexo I do Decreto-Lei (indústrias do sector da energia, de produção e transformação de metais, indústria mineral, química, de gestão de resíduos, etc.), bem como instalações de criação intensiva de suínos (artigo 29°), de aves de capoeira (artigo 30°) e de utilização do domínio hídrico (artigo 32°).

No diploma faz-se a distinção clara entre as novas instalações (as quais estão sujeitas, sem mais, à obtenção da licença ambiental, nos termos do artigo 11°) e as instalações existentes, que terão de obter a licença ambiental até 30 de Outubro de 2007 (artigo 13°).

A questão, bastante problemática, da conjugação com outras licenças ou autorizações não é esquecida pelo diploma: o Capítulo IV (artigos 27° e segs.) do Decreto-Lei n° 194/2000 debruça-se sobre ela, pretendendo o enquadramento do procedimento de licença ambiental nos regimes jurídicos de licenciamento ou de autorização específicos de cada instalação.

Não pode deixar de se destacar a *força jurídica* de que está dotada a licença ambiental, a qual reflecte a extrema importância que ela passou a possuir. Nos termos do n° 1 do artigo 22°, "O licenciamento ou a autorização de instalações sujeitas a licença ambiental só pode ser concedido após a notificação da respectiva concessão à entidade coordenadora", sendo nulos os actos

---

[13] A noção de *melhores técnicas disponíveis* (MTDS) tem grande relevo neste diploma, sendo definida pela al. *j)* do artigo 2°, n° 1, como "a fase de desenvolvimento mais avançada e eficaz das actividades e dos respectivos modos de exploração, que demonstre a aptidão prática de técnicas específicas para constituir, em princípio, a base dos valores limite de emissão com vista a evitar e, quando tal não seja possível, a reduzir de um modo geral as emissões e o impacte no ambiente no seu todo". Densificando-se a noção, ainda na al. *j)* do n° 1 deste artigo 2°: deverá tratar-se das "técnicas mais eficazes para alcançar um nível geral elevado de protecção do ambiente no seu todo" [*iii*)], abrangendo o "modo como a instalação é projectada, construída, conservada, explorada e desactivada, bem como as técnicas utilizadas no processo de produção" [*i*)], sendo "técnicas desenvolvidas a uma escala que possibilite a sua aplicação no contexto do sector industrial em causa em condições económica e tecnicamente viáveis, tendo em conta os custos e os benefícios (...) desde que sejam acessíveis ao operador em condições razoáveis" [*ii*)].

praticados com desrespeito desta norma (cfr. o n° 3 deste mesmo artigo 22°). Como tal, passou a não ser possível obter a autorização para o funcionamento de qualquer instalação sujeita a este regime jurídico sem a outorga de uma *licença ambiental,* o que é sinal bem demonstrativo da importância que este acto autorizativo assume hoje entre nós.

Finalmente, é óbvio que a licença ambiental exigirá a concentração de todos os actos em que esteja em causa a conformidade ambiental do projecto a licenciar, uma vez que ela deverá incluir todas as medidas destinadas a evitar ou a reduzir as emissões para o ar, a água e o solo, a produção de resíduos e a poluição sonora. Daí que, em articulação com o nome deste regime, opera-se com a licença ambiental a prevenção e o controlo integrados da poluição, o que representa um enorme avanço em relação aos grandes problemas suscitados pela tradicional fragmentação da política e do direito do ambiente, aqui traduzidas na fragmentação, dispersão e variedade de actos, controlos e requisitos exigidos ao licenciamento da construção e funcionamento de instalações susceptíveis de produzirem impactes nos diversos componentes ambientais e no ambiente no seu todo[14].

---

[14] Uma análise mais desenvolvida da licença ambiental e do regime de prevenção e controlo integrados da poluição pode ser vista em José Eduardo Dias, "A Licença Ambiental no Novo Regime da PCIP", *Revista do CEDOUA,* n° 7 (1.2001), p. 62-82.

LINKS DE AMBIENTE

Organizações Ambientalistas Nacionais

Associação Bandeira Azul da Europa
http://www.abae.pt

Associação Portuguesa de Empresas de Tecnologias Ambientais
http://www.apemeta.pt

FAPAS - Fundo para a Protecção dos Animais Selvagens
http://www.fapas.pt

Grupo de Estudos de Ordenamento do Território e Ambiente (GEOTA)
www.geota.pt

Liga para a Protecção da Natureza (LPN)
www.lpn.pt

Quercus – Associação Nacional de Conservação da Natureza
www.quercus.pt

Sociedade Portuguesa para o Estudo das Aves
http://www.spea.pt

Euronatura – Centro para o Direito Ambiental e Desenvolvimento Sustentado
http://www.euronatura.pt

Organizações Governamentais

Instituto de Conservação da Natureza e da Biodiversidade (ICNB)
http://portal.icn.pt

Instituto de Meteorologia
http://www.meteo.pt

Agência Portuguesa do Ambiente (APA)
http://www.iambiente.pt

Instituto do Mar
http://www.imar.pt

Instituto da Água
http://www.inag.pt

Ministério da Agricultura, do Desenvolvimento Rural e das Pescas
http://www.min-agricultura.pt

Ministério da Educação
www.min-edu.pt

Ministério do Ambiente, do Ordenamento do Território e do Desenvolvimento Regional – MAOTDR
http://www.maotdr.gov.pt

Instituto Regulador de Águas e Resíduos
http://www.irar.pt

Instituto dos Resíduos
http://www.inresiduos.pt

Inspecção Geral do Ambiente e do Ordenamento do Território (IGAOT)
www.igaot.pt

Portal do Governo
http://www.portugal.gov.pt

Presidência Portuguesa da União Europeia
http://www.eu2007.pt

Comissão de Acesso aos Documentos Administrativos (CADA)
www.cada.pt

Instituto das Tecnologias de Informação na Justiça
www.dgsi.pt

Estratégia Nacional Para o Desenvolvimento Sustentável
www.desenvolvimentosustentavel.pt/

Outros Links Ambiente

Alambi – Associação para o Estudo e Defesa do Ambiente de Alenquer
http://www.alambi.net

Directório Ambiente – Markelink – www.markelink.com
Naturlink- www.naturlink.pt

Ambienteonline
www.ambienteonline.pt

Ambiforum – Centro de Estudos Ambientais, Lda
www.ambiforum.pt

Portal das Energias Renováveis
http://www.energiasrenovaveis.com

Sistema de Informação Documental sobre Direito do Ambiente
http://www.diramb.gov.pt/siddamb.htm

Oikos – Cooperação e Desenvolvimento
www.oikosambiente.com

Traintola21
http://www.traintola21.org

Agroportal
www.agroportal.pt

Portal Florestal
www.portalflorestal.com

Gaia – Acção e intervenção ambiental
www.gaia.org.pt

Agenda 21
www.agenda21local.info

Euro Natura
www.euronatura.pt

Deco
www.decoproteste.pt

EDP
www.edp.pt

Blogs

Ecosfera (Público)
http://ecosfera.publico.pt

Energias Renováveis
http://energiasrenovaveis.wordpress.com/

Ambio
www.ambio.blogspot.com

Bioterra
www.bioterra.blogspot.com

Dias com árvores
www.dias-com-arvores.blogspot.com/

Os ambientalistas
www.ambientalistas.blogspot.com/

Ambiente Hoje
www.ambientehoje.blogspot.com/

Verde Cinzento
www.verdecinzento.blogspot.com

Grupo Vua
http://grupo-vua.blogspot.com

Reciclemos
http://reciclemos.weblog.com.pt/

Estrago da Nação
www.estragodanacao.blogspot.com/

Eco Página
http://ecopagina.home.sapo.pt

Links estrangeiros

U. S. Environmental Protection Agency (EPA)
www.epa.gov

Eco-Management and Audit Scheme (EMAS)
http://europa.eu.int/comm/environment/emas/index_e.htm

Encyclopedia of Sustainable Development
http://www.doc.mmu.ac.uk/aric/esd/

Encyclopedia of Atmospheric Environment
http://www.doc.mmu.ac.uk/aric/eae/

Environmental News Network
http://www.enn.com/

European Commission
http://europa.eu.int/comm/index.htm

European Environment Agency (EEA)
http://www.eea.eu.int/

Friends of the Earth
http://www.foe.co.uk/index.html

Global Climate Change Student Guide
http://www.doc.mmu.ac.uk/aric/gccsg/introduction.html

Greenpeace
http://www.greenpeace.org/international_en/

Institute for Global Environmental Strategies
http://www.iges.or.jp/

Intergovernmental Panel on Climate Change (IPCC)
http://www.ipcc.ch/

International Energy Agency
http://www.iea.org/

Monitoring the Clean Development Mechanism of the Kyoto Protocol
http://www.cdmwatch.org/cdm_toolkit.php

National Aeronautics And Space Administration
http://www.nasa.gov/

National Geographic Society
http://www.nationalgeographic.pt/home/default.asp

National Oceanic and Atmospheric Administration
http://www.noaa.gov/

The Globe Program
http://www.globe.gov/fsl/welcome.welcome.html?lang=en&nav=1

The ISO 14000 Information Center
http://www.iso14000.com/

United Nations Framework Convention on Climate Change
http://unfccc.int/

Vital Climate Graphics
http://www.grida.no/climate/vital/

World Health Organization Regional Office for Europe
http://www.who.dk/

World Metereological Organization
http://www.wmo.ch/index-en.html

RainForest Action Network
http://www.ran.org

UNESCO
http://www.unesco.org

Educação Ambiental

Eu não faço lixo
http://www.eunaofacolixo.com

Ponto verde
http://www.pontoverde.pt

Mundo da água
http://www.mundodaagua.com

O meu ecoponto
http://www.omeuecoponto.pt

Pequena Terra
http://pequenaterra.com

ABREVIATURAS

– AIA: Avaliação de impacte ambiental

– APA: Agência Portuguesa do Ambiente

– CPA: Código do Procedimento Administrativo

– CPTA: Código de Processo nos Tribunais Administrativos (aprovado pela Lei nº 15/2002, de 22 de Fevereiro, alterada pela Lei nº 4-A/2003, de 19 de Fevereiro)

– CRP: Constituição da República Portuguesa

– DIA: Declaração de impacte ambiental

– EIA: Estudo de impacte ambiental

– ETAF: Estatuto dos Tribunais Administrativos e Fiscais (aprovado pela Lei nº 13/2002, de 19 de Fevereiro, alterada pela Lei nº 107-D/2003, de 31 de Dezembro)

– ICNB: Instituto de Conservação da Natureza e da Biodiversidade

– LBA: Lei de Bases do Ambiente (Lei n° 11 /87, de 7 de Abril)

– PCIP: Prevenção e controlo integrados da poluição

– RAN: Reserva Agrícola Nacional

– REN: Reserva Ecológica Nacional

– RLJ: Revista de Legislação e de Jurisprudência